あの頃の私は今の私と通じているのか。

9月を目前に秋の訪れを楽しみにしている心とは裏腹に残暑はまだまだ付きまとってきた。最近はそれでも涼しかったじゃないかと太陽を睨みつけると、紫外線とともに睨み返され、先に目をそらしたのは私だった。私は図書館までの道を歩いていた。上京して1年、あの頃とは違う道で図書館を目指していた。

中学生だった「あの頃」、通っていた中学校のそばに図書館があって、テスト週間になると自習室はいつも生徒たちでごった返していた。その中に私もいた。もちろん座れやしないので、潔くテストそのものを諦めて、文学コーナーで文豪や登場人物たちとお喋りをしていた。友人と喧嘩して後悔した時も、家庭の問題を誰にも話せず世界の破滅を願った時も、初めて好きな人ができた喜びを心の奥で密かに温め続けていた時も、私はそこにいた。そして、この世界と右手に取った物語の境界線を大きくまたぐのだった。起承転結の中で味わう喜怒哀楽は、私の鼓動を強く早くした。いつもどこからか響いてくるゆうやけこやけを合図に、境界線へ引き返した。

私は自転車をまたぎ、ヘルメットの紐をしっかりと締め、名残惜しいせいなのか、行きよりも重く感じられるペダルに全体重を乗せて踏み込むのだった。

あの頃に想いを馳せているうちに、気付けば図書館の入口の前に立っていた。館内に入ると冷房の風が当たり、にじんだ汗が服に吸収され、背中に冷たい空気が通り過ぎた。一階は児童書が並ぶ。机に絵本を広げ、何かを発見して興奮する幼児の手を、母親がなだめている姿を横目に、二階に上がった。文学作品がずらりと並んでいた。あの頃の図書館と違う並びの本棚を目でなぞり、自然と遅くなる足取りに気付かぬまま進むと、とある背表紙に目が止まった。タイトルに含まれていた文豪の名が私を惹きつけたのだった。おそらくこれは随筆らしいのだが、著者の名は存じ上げず、文学の世界は海よりも広く深いとワクワクする一方、ただ文学が好きという気持ちだけでは、海賊王にはなれないのだと痛感した。それほどの文量ではなかったから、図書館で読み終えられるであろうと踏み、自習室のある三階に移動し、空いている席に腰掛けた。

第一章では文豪と著者は祖父と孫という関係で、そこから広がる親戚の話は私の好奇心をくすぐった。第二章からは著者の日常が綴られていた。縁側でお茶をすすりながら世間話をしてくれているような心地がした。著者は様々な土地に訪れたことを記している。聞いたことのある土地は、より想像を鮮明にしながら楽しんだ。章が進むにつれ、著者の書く文章の虜になっていく。言葉選びの品の良さや奥ゆかしさ、人柄に心底感嘆し、私もこのような言葉を見栄を張らずに紡げるようになりたいと小さな野望が芽を出した。

あとがきを読み終え、薄々感じていたものの、奥付に目を通すと発行されたのは２００９年と13年も前のもので、著者の現在がとても気になった。それに限定部数５００部との記載があり、これは希少価値高すぎなのでは!?と思い、もっと深く読み味わいたくなった私は、一階に降り、先程いた親子とはまた違う親子の横を通って、カウンターで貸出手続きをしてもらった。高揚感に包まれながらも、現実の方へ境界線をまたいだ。図書館を出ると、頂点に昇った太陽がアスファルトに反射していて、それを避けるように私は日陰に身を寄せた。

行き先が定まらぬまま賑やかな駅前に出てきたところで、布団のカバーを新しくしようと思い立ち、以前買った白色のカバーと同じものの灰色を購入した。白は汚れが目立つ。灰色なら少しくらいの汚れは柄になるだろうという期待を込めた。帰路に就こうとした時、不意に先程の随筆の内容が蘇ってきた。第二章に「猫」と題した一節があり、猫の形をした和菓子を食す著者のくだりが思い出され、口内に唾液が溢れた。微かな記憶を頼りに、あまり入ったことのない路地を通り抜け、なんとか和菓子屋に辿り着く。スーパーやコンビニで和菓子を買うことはあっても、和菓子屋に普段行くことはないので少しそわそわしていたが、若い女性の歯切れの良い「いらっしゃいませ」が高圧的ではなく、私の緊張をほぐしてくれた。しかし、さすがに猫の和菓子は都合良くあるはずもなく、みたらし団子と水羊羹を一つずつ買った。ビニール袋に入ったそれを右手に、布団カバーが入った紙袋を左手に持ち、また背中に汗をにじませて、ヘトヘトになりながら自宅に着いた。

蒸した部屋に冷房を稼働させ、コロナに負けじと入念に手を洗い、うがいをする。袋からみたらし団子と水羊羹を取り出す。やはりここは玉露といきたいところだが、そんな高価な茶葉には手を出せないお財布故、常備している煎茶をスプーンで2、3杯、お茶パックに詰め込み、お気に入りの赤土色の急須にそのお茶パックとウォーターサーバーから出る熱湯を閉じ込めた。色が出るのを待ちながら椅子に座り一息つく。借りてきたあの本をパラパラとめくり、印象深かった一節を思い出すと、知らぬ間に口角が上がり、ニヤケ顔を作っていた。ふと我に返り、誰かに見られてはいないかと1K7畳の部屋を見渡した。頃合いになった煎茶を湯呑みに注ぐと、鮮やかな黄緑が白い湯呑みに映えて、口に含むと鼻を通り抜ける香りと程良いすっきりとした苦味が舌に広がり、五感を一気に落ち着かせた。それから、みたらし団子を一つ頬張る。醤油の味が繊細に味わえ、砂糖の甘さがそれを際立たせた。口直しにまた煎茶をすすり、水羊羹に手を伸ばす。すくう感触に爽やかさを感じながら口に運ぶと、つるっとした表面が舌を滑り、それを潰すとこし餡の滑らかな食感が私を喜ばせた。その後も手は止まることなく、このトライアングルを周り続けた。気が付いた時には、部屋はキンキンに冷やされ、お腹も満ち足りて、昼寝をしてしまいそうになっていた。

眠気を振り払い、半年は洗ってないだろう布団カバーを外した。あまり埃が舞わなかった。家の洗濯機で洗おうかと思ったが、新品と共に2枚のカバーを干すには場所が限られていてどうにも難しそうであるし、家にある縦型洗濯機の乾燥機能はドラム式より時間がかかる。それ故、近所の銭湯に併設されたコインランドリーを利用することにした。私の皮脂が詰まったカバーと、タグを取った新品のカバーを袋に入れ、洗剤と柔軟剤も隙間に詰めて、再び家を出た。

何度も訪れたことのある銭湯なのに、どこの角を曲がるのか未だに迷ってしまう。だが、どの角を曲がったところで必ず着くことを知ってから、スマホでわざわざ行き方を検索することはなくなった。事実、やはり着くことができた。着いたはいいが、初めてのコインランドリーに戸惑った。地元で暮らしている時に母親に付いて行ったことはあったが、使い方までは盗み見ていない。表記されている通り100円玉を2枚入れたり、蓋を閉じたりして、ようやくカバーと洗剤を入れると、洗濯機が動きだした。一安心して隣にあった椅子に腰を下ろした。ヘッドホンを耳に当てて、聴き逃したラジオ番組を聴き始める。窓から吹き抜ける夕方の風と、聴き慣れたパーソナリティーの声が眠気を誘った。短い間に夢を見ていたようだが、上手く思い出せなかった。でも、懐かしい声が聞こえたようだった。カバーを入れた洗濯機から終わりの合図が鳴ったが、その懐かしい声の正体に気を取られていた。

濡れたカバーを隣の乾燥機に放り込んだものの、10分100円の乾燥機にいくら入れれば良いのか分からなかった。財布を見ると500円玉しかなかったので、丁度居合わせたおじさんに500円玉と100円玉5枚を交換してもらった。優しいおじさんで助かった。とりあえず100円玉を3枚入れ、スタートボタンを押した。回している間に私は最近値上がりした銭湯で汗を流すことにした。時間も早く、人があまりいない洗い場で体を洗い、熱めの湯に浸かった。普段伸ばせない足を思い切り伸ばした。顔が火照ってきて、冷水で体を締めてから、風呂場を出た。更衣室でおばさんたちとニュース番組を見ながら体を拭いた。扇風機の風が気持ち良く、一人で占領したい気持ちを抑えながら服を着て、スキンケアを最低限して、ドライヤーを始めた。が、暑さに耐えきれず、半乾きのまま更衣室を出て、相変わらずあまり笑わない番台さんに挨拶し、外の自販機で炭酸飲料を買った。炭酸飲料が苦手な私にとって開けたての炭酸を物怖じしないで飲めるのは風呂上がりくらいだ。いや、やはり私には刺激が強すぎた。コインランドリーに戻り、残り数分の乾燥機の隣でちびちび飲んだ。

乾燥機から出てきたカバーたちは家で再現することができないフカフカ感と温かみがあって良い匂いがした。熱を覚ましながらゆっくりと畳み、袋に入れ、右肩に背負った。

「あの頃」は他人に対する恐怖から免れるために境界線をまたいでいた。分からないことがあると、目に涙を浮かべて助けを求めた。今日は何のために境界線をまたいだのだろう。あの頃の私と今の私は通じているのだろうか……。答えはいつもすぐ返って来ることはないらしい。

帰り道、髪をなびかせる風が涼しい。私はこの街で二度目の秋を迎えようとしている。

B.L.T.'22年11月号('22年9月26日発売)掲載

おつとめ品

友人と焼き鳥屋さんで、秋をすっ飛ばして冬が来てしまって人肌が恋しくなるという話をしていた。気が付くと日付をまたぐスレスレで、今年初めて下ろしたアウターを羽織って、2人それぞれの家を目指した。

私は、深夜も営業している家の近くのスーパーマーケットへ明日の朝に食べる果物を買いに寄った。毎朝食べる果物はキウイなど比較的値段が安くて手に入りやすい物を選ぶが、やはり旬のものも捨て難く目移りしていた。何度も往復して迷っていると、いつもの果物でもなく、旬の果物でもないものと目が合ってしまった。鉢に「おつとめ品」のシールが雑に貼られた観葉植物と。よく見るお得なシールくらいに思って目を逸らしたのに、なぜかまたそれを視界に入れていた。

マグカップよりひと回り大きい鉢を手に取ってみると、ツタのように垂れ下がって伸びる茎が私の腕に絡みついてきそうだった。枯葉が土に溜まっているが、上向きに真っすぐ伸びている茎もあって、生きている葉もちゃんと付いている。家で育てている観葉植物にはいないタイプで興味を持った。

育ちすぎてしまったからおつとめ品になってしまったのだろうか。それとも病気？　だったらお店には置けないだろうし。おつとめ品のシールの下に本来の値札が貼られていて、「品名」にその観葉植物の名前が書いてあった。「シュガーパイン」という名前らしい。甘いパイナップルなのかな。でも見る限り緑色の葉ばかりで果実らしきものはどこにもない。アップルミントのような匂いから名前を付けられたのかとマスク越しに匂ってみても感じ取れず、マスクを外しても微塵も感じなかった。成長過程で匂いがなくなってしまったのか。不思議が積もり、朝に食べるリンゴ一つと一緒にレジへ持っていった。店員さんがリンゴをレジに通してから「こちらもですか？」と、おつとめ品の植物を指して言った。少し嫌な気分になった。無愛想に「はい」と応じた。

税込437円から税込220円になった観葉植物を、急に冷え込んだ街から守るように両手で大切に持って帰った。

家に着き、改めて観察してみると、葉が3～5枚1セットになっていて、その形が花びらにも似ているし、手のひらにも似ている。画像検索したシュガーパインと比べると、私の目の前にあるシュガーパインはスカスカだった。本当はもっと茂っているのか。スカスカだからおつとめ品なのか。それに背丈も伸びすぎているように感じた。

土にネームプレートが刺さっていたのだが、それをよくよく見てみると、「パーセノシッサスシュガーバイン」と書いてあった。シュガー〝バ〟イン……？　「シュガー〝パ〟インじゃないんかい！」が、深夜の部屋に響いた。

値札にあった「シュガー〝パ〟イン」は間違いで、ネームプレートにある「シュガー〝バ〟イン」がどうやら正式名称らしい。店内でマスクを外してまで匂いを嗅ぎ取ろうと必死になっていた私を思い出し、恥ずかしくなった。ネームプレートには、室内で育てられることと、常緑多年草であることとも書かれていた。家で育てているアップルミントのように年中緑の葉を楽しませてくれるのはうれしい。

植物の世界は広く深い。グーグル先生によると、パーセノシッサスシュガーバインはブドウ科に分類されるとのこと。果物のブドウと一緒の仲間なんだ。ツタも同じブドウ科らしい。確かに、ブドウもパーセノシッサスシュガーバイン(長いので次からシュガーバインと略させてください。それでも長いな……)もツタも、ツル性植物だ。ブドウ科の定義はツル性の木や草のことで、巻きひげが他の物に巻き付いたり、枝先が吸盤となって絡まったりすることだそう。共通点に気付くのはパズルのピースがぴったり合った時のうれしさに似ている。パーセノシッサスは学名で、パルテノシッサスシュガーバインともいうらしい(パルテノと聞くとヨーグルトを思い出してしまう)。シュガーバインのシュガーは砂糖、バインはツル性植物の意味で、葉の裏側に甘い樹液を付けることが由来なんだとか。甘い樹液……気になる。舐めてみたい……。小学校の頃、通学路の花の蜜を友達と吸っていたな。

観葉植物を買うと必ず花言葉を調べている。そこに込められた意味や由来などを知ると温かい気持ちになるから。日々草の花言葉は「楽しい思い出」。それを知ったのは最近だが、日々草自体のことは、学生の頃、母とガーデニングを楽しんでいて、母が教えてくれた。その時、私は特に意味のない語呂遊びで「ネチネチソウだね」と言って、母を笑わせた楽しい思い出がある。「楽しい思い出」という花言葉の由来は、次々に花が咲いていく特徴を、友達が集って楽しそうにしている様子に例えたものらしいが、私にとっては母との楽しい思い出がその由来になりつつある。

シュガーバインの気になる花言葉は「すこやか」。華奢な見た目ながら寒さに強く、強健なことから付けられた花言葉だそう。寒さから守るように持ち帰ったけど、君、強いんだね。園芸初心者には心強い。3～6月にはピンクや赤の花を咲かせるそうで、本格的な寒さの前に温かい春の陽気を心待ちにしてしまう。暑さには強いわけではないらしく、30度を超えると枯れてしまうこともあるらしい。私と同じで暑さに弱いのね。やっぱり冷房の効いた部屋が一番だよね。

こうやって調べていくと、より愛着が深まっていく。お友達ができた時のようなワクワクが胸いっぱいに広がる。深夜2時を過ぎ、お風呂に入るのも忘れてシュガーバインについてのサイトをいろいろ見てしまっていた。

家で育てている植物たちのように成長していくシュガーバインをお世話していくのが楽しみだな。こう言葉にすると、お友達というより、我が子のような存在に感じてしまう。成長に合わせて植え替えの準備もしなくては。植え替えに最適な時期も調べておかないと。寝る準備を済ませてベッドに潜り、部屋のどこに置くか想像しているうちに、私は眠りについていた。

翌朝、テーブルに置いたままのシュガーバインを窓の近くの棚に移した。昨日と同じくらいの元気さで安心した。眠っている間に環境が合わなくて元気がなくなってしまったらどうしようかと心配だった。土の表面が乾いていたので水をたっぷり注いだ。秋冬は土が完全に乾いてからたっぷり水をやるのが良いと図鑑によく書いてあるので、シュガーバインも同じようにした。葉焼けをしないように直接日光に当てないほうが良いと昨日見たサイトに書いてあったので、レースカーテン越しに日光に当てておいた。室内で育てている植物の中では一番大きく、存在感がある。それに濃い緑が部屋の差し色になって何度も見てしまう。子離れしていない親みたいに近くに行って観察してしまう。いずれ上から吊るすことができる鉢に入れたら、ツルが垂れ下がったシュガーバインがより一層映えるかなと通販サイトで探したりした。それから、他の植物にも水をあげたり、挿し木をした植物の根の生え具合を確認したりした。それぞれ自由に育っていってくれるといいな。

持ち帰ったシュガーバインだけがおつとめ品だったのではなく、他にもおつとめ品のシールが貼られた植物たちが並んでいた。でも私は一つしか持ち帰れなかった。家に観葉植物をたくさん育てることができる場所がないからだ。それに、知識も自慢できるほどないし、育て方を間違えて全て枯らしてしまうのが怖かった。植物は枯れそうになっても声を上げないし、腕に絡みついて私を襲うわけでもない。だから、植物を育てることは自分のエゴで成り立っているのだと思う。子どもを産んで育てたこともないのに愛情が溢れて「我が子のような存在」と表現したり、深く知ろうとしすぎたりすることは、きっとエゴなんだろう。こうやって文章にしていく中で、そんな気がしてきた。

植物も私たちが息をするように光合成をしているし、成長して花を咲かせたり実がなったりする。一年草ではない限り、植物を育てるのに終わりはなかなか来ない。だから、無闇にたくさん買って育てたりするのは無責任だなと思う。少しずつ知識を増やして、環境を整えて育てていきたい。

あの時、おつとめ品に同情してしまっていたんだろう。自分を重ね合わせて守ろうとしたんだよね。言い方は悪いけれど所詮、私も売り物だ。このシュガーバインが未来の私の姿かもしれない。私が見てるよ、水をあげるよ、だから明るい方を見ててごらんと伝えたかった。おつとめ品の存在を認めて、私を安心させたかった。

時間が流れた。ツルが伸びて不恰好になってしまったから整えてあげるねと新芽を切っても、また伸びて絡まりついていく。それがかっこいいと思った。

B.L.T.'22年12月号('22年10月24日発売)掲載

ミスマガジン2018グランプリ

先日、ミスマガジン2022グランプリ授賞式にゲストとして参加させていただいた。6人の原石が輝き出そうとしているのを目の当たりにした。彼女たちの口から放たれる言葉はどれも初々しく、私はどうだったろう、と5年前を思い出してみた。

高校1年生、新しい環境にようやく慣れた頃、私は7年ぶりに復活したミスマガジンのグランプリに選ばれた。喜びはもちろんあったが、正直なところ、歴代のグランプリの方の名前におののいていた。辞退することも考えていたが、その結論が出る前にステージの真ん中に立っていた。

グランプリ発表当日のことは、もうあまり覚えていない。だが、きっと私も同じような初々しい事を言っていたはずだ。気になって当時の記事を調べてみると、「皆さんを後悔させないように頑張っていきたいので、応援よろしくお願いします」と言っていたようだ。19歳の今よりも15歳のこの時の方がしっかりしていたのかもしれないと思った。

私以外にも4人が賞を獲得し、それから1年間、ミスマガジン2018として一緒に活動した。グラビアや配信など色々した中で、舞台は特に楽しかった。グランプリメンバー5人とグランプリメンバーが選出される前のベスト16に残っていた4人を加えた9人で劇団ミスマガジンが結成された。舞台経験どころか演技経験すらない子がほとんどで、私もその一人だった。当時は名古屋に住んでいたので、1カ月弱、上京して稽古に励んだ。稽古初日はまず、軟らかいボールでバレーボールをした。といっても対戦形式ではなく、輪になってオーバーハンドパスやアンダーハンドパスでパス回しをした。ボールを渡す時は相手の名前を呼んで、受け取る時はそれに「はい」と返事をするというものだった。会話のキャッチボールを狙ったレクリエーションというわけである。私たちはそれが楽しくて大人が呆れるまで続けていた。もちろん演技の基礎も勉強した。発声、発音のための腹式呼吸や口の開け方など、基本中の基本がなかなか出来なかったが、舞台経験がある子に教わりながら、先生から出される課題を一つひとつクリアしていった。同時進行で配役を決める読み合わせも行っていた。私はグランプリだったが主役になれるとは限らなかった。技術も経験も無い私には、主役は無理かなと半ば諦めていた。ところが、偶然なのか奇跡なのかよく分からなかったけど、主役を演じられることになった。こじらせた今では「グランプリってことも加味されてるのよ」と、やさぐれた一言しか浮かんでこないが、当時は、「もしかして私、才能あるのでは？」と、スター街道まっしぐらだと純粋に目を輝かせた。

配役が決まってからの稽古は加速していった。台詞の多さや舞台上での動きに悪戦苦闘しながら、舞台の輪郭をみんなで見出していった。序盤で披露するダンスのフリ覚えもあって、頭で覚えるだけではとても追い付かず、何度も繰り返して体に叩き込んだ。演技同様、ダンス経験者の子がみんなを引っ張ってフリを揃えていった。その頃の流行りはバレーボールからダンスに変わり、毎日余分に3回は踊っていた気がする。監督は本編の稽古にもその活力が欲しいと嘆いていた。良い意味でも悪い意味でも自由で素直なメンバーで、お腹がちぎれるくらい笑い合ったと思えば、些細なひと言でギスギスしたり、ボケも通じないくらい真剣になったり、〝今〟に無我夢中で喰らいついて舞台の成功を目指した。

舞台初日まであと1週間とカウントダウンが始まったにも関わらず、初めて1日休みがあった。ネズミさんたちがいるテーマパークに行こうなんて浮かれていたが、あくまでもそれまでの疲労を癒やすための休日ということで、あまり体力に負担のかからないことをしようと、地方出身の私のためもあってか、東京観光を予定が合った数人で楽しんだ。初めての表参道はどの品物も0が一つ多かった。初めてタピオカを飲んだ。美味しかったがそれ以降飲むことはなかった。カラオケにも行った。知らない洋楽や流行の恋歌。それから恋バナもした。仕事でしか関わらない人から友達と言えるような関係になった人たちと休日を共に過ごすことも初めてで、私が死ぬ時の走馬灯の1カットに入れておきたいくらい大切な思い出になった。

翌日からは、気を緩めることなく稽古に取り組んだ。通し稽古を繰り返し、台詞や立ち位置の修正を重ねた。覚えきったものをすぐ変えるのはなかなかうまくいかなかった。そして開幕前日となった。小屋入りをして、通しリハをした。照明が思ったよりも明るく、目がくらみそうだった。早着替えやダンスや台詞、今までやってきたことがなんだかスムーズにいかない。通しリハが終わり、監督が私だけに「気張りすぎるな、落ち着こう」と言った。見透かされていて心臓が大きく跳ねた。監督の言葉とは裏腹に鼓動が早まり緊張が加速した。明日の初日、私はやりきれるだろうか。千秋楽までこの身は持つのだろうか。不安が頭を埋めていった。

私はグランプリで主役だ。でもみんなを引っ張る程の余裕は無く、逆にみんなが私を引っ張ってくれた。さながらショートケーキの上に乗っている酸っぱいイチゴのようだった。本当は単体で美味しくいたいけれど、酸っぱいイチゴとして生まれ育ってきてしまった以上、甘いショートケーキがないと存在価値を見出してもらえない、みたいな。誰もショートケーキのイチゴが育つ過程なんて興味無い。酸っぱかったらクリームの甘さに紛れ込ませるだけだ。


不安と緊張の中、いよいよ初舞台の初日が幕を開けた。1日2公演、集中力を切らさずやっていくのは想像よりも体力をすり減らした。お客さんを前にするとその視線を強く感じ、稽古の時とは当たり前に景色が違って、どこを見たらいいのかも分からなかった。初めてだからという理由を差し引いても何故だか達成感は感じられなかった。

本番を繰り返し、緊張を紛らわすことにも慣れた頃、台詞が台本1ページ分抜けてしまった子がいた。その子は舞台裏に戻ってくるなり、顔を真っ青にしていた。私は小屋入りの通しリハでのことを思い出し、変な汗をかいた。それを衣装で拭って、照明の当たる場所に出た。稽古通りに進めていくことを心掛けて、なんとかやり遂げたが、その日はみんな口数少なくそれぞれ帰った。

次の日、セリフを前日に飛ばしてしまった子が本番直前に過呼吸になってしまった。みんな彼女に駆け寄り背中をさすったり、息を吐くように促したり、大人を呼んだりしていた。私は何もできず突っ立っていた。怖かった。舞台という生ものは止められない。やり直すことは絶対にできない。流れを止めたら、その舞台全部を壊してしまう。手元にすぐ確認できるボロボロになった台本はもうないのだ。私のミスでそういうことになってしまったら……そんな想像はしたくない。そしてしまったら頭にこびり付いて離れなくなってしまう。そうやって私は自分を守ることばかり考えていた。

それでも、小道具を予期せぬ所に飛ばしたり、私は小さなハプニングを重ねた。頭の中が混乱し、息をすることも忘れてしまいそうだった。緊張と不安に苛まれながらも、少しは楽しめていた芝居が全く楽しめなくなっていった。恐怖に耐える時間が流れた。あれだけ稽古をしたのに、いや、もっと稽古をしておけば、こうはならずに済んだのか。

初日より千秋楽が近くなった。終わりが見えてくると安心した。そのおかげで肩の力が抜けたのか、本番中の景色が広がった。毎公演、分かりきっている展開がすごく新鮮だと感じるようになった。舞台は瞬時にお客さんの反応が分かる。それが毎回違うと気付いてからは、思わぬミスをしても前よりは動揺せず、臨機応変に対応できている実感もあった。舞台の楽しさ、面白さを知って、この舞台が終わってしまうことから目を背けた。それでも終わりはやってきて、千秋楽、舞台袖で深呼吸をしてから、照明の当たる場所に、私ではない私が歩いていった。

最後の台詞を言い終わる。音楽が流れ、会場が暗転し、すぐ明るくなると同時に拍手が沸き起こった。お客さんに向かってお辞儀をする。私は頭を上げるのを躊躇った。この時、目には涙が溢れていた。誰にも見られたくなかった。稽古期間、どれだけ苦しくても涙は流さなかった。やりきった安堵なのか、次が無いことの寂しさなのか、顔を上げても涙は絶えず溢れてきた。みんな泣き顔だった。「頑張ったね」と背中を叩き合ってお互いを労った。

私はやっぱりまだショートケーキの酸っぱいイチゴだった。でも「甘ったるいのも飽きちゃうからね」と、みんなが私の存在を認めてくれて、酸味の私を主役にしてくれた。いつの日か熟れた甘くて真っ赤なイチゴになっていたいな。

ミスマガジン2022の授賞式、私はグランプリの先輩としてアドバイスを求められる場面があった。真面目にかっこいい名言を残そうと思ったのだが、緊張した彼女たちと目が合って、私は、「ケータリングを食べ過ぎるとお腹がプニプニになってしまうから気を付けてね」と真面目でもカッコよくもない迷言を残し、ネットニュースの見出しに使われまくって、帰り道の電車で顔を赤くした。

B.L.T.'23年1月号('22年11月24日発売)掲載

ホームタウン

また淵までやって来てしまいましたね。一年を振り返り、思い出すことは思い出したくないことばかり、いつまで泥濘に両足突っ込んでいるんだか。そろそろ大きなお風呂に浸かって心の洗濯とやらをしたいです。

風の冷たさに首をすくめながらも、どこから冬か分からなくてマフラーをするタイミングをまだ掴めていません。今年はいい感じの手袋が欲しいなと思っています。そう思っている間に春がやって来てしまうのだろうけど。

年の瀬だからか、元々の短所なのか、年季の入った飽き性だからか、なかなか書く気がやって来ません。いつもそうなのですが、今回は筋金入りの虚無を感じています。それでもなんとか書いた2496文字はボツになり墓場へも行けませんでした。締め切りを過ぎた今、名古屋へ向かう新幹線で踵をあげ膝の上にパソコンを乗せて書いている次第です。いい筋トレですね。隣では激務のマネージャーさんが寝ています。それが嬉しいという表現が合っている気はしないのですが、嬉しいです。私にかかりきりじゃなくて、自分のことも大切にしているのかなと、思ったりできるから。でもさっきまでテキトーな山を富士山だと二人で思い込むなどしていました。

新幹線に乗ると、2、3年前を思い出しますね。その頃とは行きと帰りが逆になってしまいましたが、高校生の頃は名古屋の実家住まいだったので、東京での仕事の時はお世話になっていました。東京へ向かう時はアイマスクをして眠り、帰りは品川駅の構内にある焼き鳥店で、もも、かわ、つくねを買い、真っ暗で何も見えない夜景を眺めながら食していました。もちろんタレです。体内時計は日毎に研ぎ澄まされ、名古屋－品川間の約1時間半、何をしていてもずっと寝ていても乗り過ごすことは一度もありませんでした。

今日は朝の7時過ぎ出発の新幹線に乗りました。車内で朝食のあんぱんを食べていると、ふと、どうでもいいことが気になり始めました。なんであんぱんの真ん中には黒ゴマが付いているのだろう、と。ほんとにどうでもいいですよね。でも一番あんこが詰まって美味しいところに乗せられると、あんこを存分に楽しめていない気がするのです。トーストにはジャムではなく小倉を選択してしまう名古屋育ちのせいでしょうか。時たまパン屋さんに行くのですが、あんぱんにゴマ(大体黒ゴマ)はセットのようです。しかも私が好きな粒あんの方にばかりゴマが乗っているのです。そのことをマネージャーさんと話し、味や食感のアクセントになるんじゃないか、から始まり、結論は粒あんかこしあんか外見で判るようにしているのではないかというところで落ち着きました。この結論はとても腑に落ちて、そうとしか思えなくなりました。

最近、自分の常識は他人の非常識。という言葉が頭に浮かぶことが多々あるなと感じます。逆も然りで、例えば、手を使わないというのが醍醐味であろうサッカーという競技で、コート外に出たボールを手を使って頭の上から投げるスローインというルールが、私には理解できなかったのです。「蹴れよ」と思ってしまうのです。だけどもサッカーに詳しい方(私のファンの方)は意外な着眼点だと、私を褒めているのか何なのか分かりませんが、感心していました。どうやら手を使う理由はボールが飛び過ぎないようにするためだとかなんとか。それでも体育の成績3だった女が「調節して蹴れよ」と小言を言っておりました。

とかなんとか書いているうちに名古屋へ到着。変わらぬ街並みに胸が緩む。だがしかし、今日は気を引き締めなければならない。名古屋市中川区にある中川警察署の一日警察署長を務めるからだ。初めての一日警察署長。しかも地元だ。中日ドラゴンズの祖父江大輔選手と共に務めるそうだ。中日ドラゴンズファン(仮)の私は祖父江選手にお会いできることや、ファンの方たちに会えることに胸は高鳴り、先ほどから起伏が激しい。

名古屋駅から警察署までは父が車で送迎してくれた。半年以上ぶりに顔を合わせ、嬉しさとともに溜まった涙が出てきそうだった。あそこの店が変わった、ここの道路が新しくなった、など他愛もない会話が続いた。警察署に着くと、「頑張って」と一言だけ言うと、父は帰った。中川警察署の皆さんが温かく迎え入れてくださり、私は早速、警察の制服に袖を通した。祖父江選手と共に任命式で嘱託賞を受け取り、一日警察署長の襷を掛け背筋を伸ばした。一日警察署長の職務は区民の皆様に防犯を心掛けてもらえるようにすること。そのために最近オープンして話題の商業施設で催されるイベントに出席した。日曜だったこともあり、お客さんは400人ほど集まってくれたそう。もちろん私の家族もみんな来てくれた。友人の母も4人ほど来ていて、その場でママ友会が開かれていた。弟も友達を連れて来ていた。名古屋に住んでいる時に一緒に仕事をしてくれた人も見に来てくれた。名古屋でのアイドル時代に応援してくれていた人も来てくれた。地元LOVEだ。イベントでは「防犯ZERO宣言」と掲げて、短時間でも鍵をきちんと閉めて、貴重品を取られないようにしましょうと呼びかけた。その他ゲームコーナーもあって、ストラックアウトに挑戦した。空いたマスの問題にお客さんが答えるというものだ。子どもも多く見に来てくれていたので大変盛り上がった。投手である祖父江選手の投球も見ることができた。今思うとあんなに近くで見られたのは贅沢だったな。最後に写真撮影をしてイベントは幕を閉じた。短い時間ではあったが母にも会え、両親と記念撮影をした。その写真を見返すと、両親に挟まれた私は可愛いための笑顔ではなく照れを含んだ笑みを浮かべていて、両親の顔にはしわが増えていた。ファンの方達ともお話ができた。「元気そうで安心した」。きっとお互いそう思っていただろう。名古屋在住の仕事仲間には年が明けたらご飯に行こうと予定を取り付けた。はあ、やっぱり地元LOVEだ。本当に素敵な町で私は育ってこられた、そう確信した。警察署に戻り、感謝状を頂いた。感謝をしたいのは私の方で、中川区の皆さんが見守り育ててくれたのだと改めて思うと心がジーンと温かくなった。制服をたたみ、私服に着替えた私はまた地元を離れてしまうけど、いつでも戻りたくなるこの場所はずっと安心で安全な町であってほしいと思った。

帰りの車窓から、母校が小さく見えた。特に変わっていない。そう。地元は特に変わらないのだ。新しい施設ができたりもするが、幼い頃と同じようにワクワクする。昔遊んだ公園も、自転車で下った坂道も、野球少年たちが走る堤防も、特に変わらない。ただ、親や地域の人たちの目尻にしわが増えたくらいだ。

東京に帰る。まだこの言葉に馴染めない。私が帰るべき場所は一体どこなんだろう。

帰り際に母が大きな荷物を持たせてくれた。中身は私が大好きなおかずばかり。おまけに祖母が作った干し芋とお餅も入っていた。やはり親は子のことをお見通しらしい。寒い東京の冬を独りで越すための愛に低温火傷して、蛇口を捻った。

B.L.T.'23年2月号('22年12月26日発売)掲載

はじめの一歩、残した。

明けましておめでとうございます。ついに2023年がやって来ましたね。私にとって節目の年であり、待ちに待った成人式から一年が始まりました。もうハタチか、とも思えば、まだハタチなのかという気もしてきます。私の人生の終わりはまだ先にあるようです。

小学校で行われた成人式。体育館は覚えているよりも狭く、私たちが大きくなったのかと周りを見渡す。10分の放課(愛知県では〝放課〟は〝休み時間〟のこと。なので〝放課後〟という言葉に違和感を感じる)にわざわざ外に出てドッジボールをしていたあの時の顔ぶれは、どこか大人びている様子で、会話も昨日の面白かったテレビのことではなく、世の中を支配するウイルスのことだったり、就職のことだったりで、私だけが大人になったのではないという安心感と妙な焦燥感に駆られた。高校生の頃から「働く」ということを一足早く知っていたせいで、当時は周りが幼稚に見えていた私には幼いままでいられることが羨ましく、妬みを隠すのに必死だったなと今では思う。

7年前の小学校の卒業式で「栄養士になって、子どもたちに食事の美味しさや楽しさを伝えたい」と言っていた少女はピンク色の袴を着ていたなと、緑色の床の体育館で思い出す。少女だった私は今、赤色の振袖を身に纏い、もう一枚カイロを貼っておけば良かったと後悔していた。

年が明け、成人式の日の数日前に帰省し、久しぶりに一家団らんを過ごした。本来なら年末に食べるすき焼きを家族みんなで囲んだ。小さい頃から年末はすき焼きと決まっていて、東海地方特有の風習で大晦日に食べると聞いたことがある。うちは大雑把に年末と決めていて、すき焼きから始まり、次の日は蟹鍋、その次の日は焼肉、またその次の日はふぐ鍋と夕食のシンデレラタイムが訪れる。だから年末は大好きだった。最近は私の帰省に合わせて年始にシンデレラタイムが訪れる。おかげで東京の家で入る湯船のかさが増えた気がしてなりません。一カ月前にも仕事で帰ってきたけれど、長居はできなかったので、積もった話が止まらない。その話の流れで22時から始まった映画鑑賞。うちではよくあることで、久しぶりの流れに背筋が緩む。途中、弟が受験勉強で抜け、3人で結末まで見届けた頃には24時を回っていた。父はそのまま寝室へ行き、女2人の時間となった。昔からこの時間が好きで、ネットで見た記事や今期の気になっているドラマについて話したりしていた。今でもそういう話もするが、最近は家事を楽にする仕方や美容のことが主な話のテーマとなった。

弟は大学受験を目前にラストスパートをかけているようで、夜中トイレに廊下を出た時にも弟の部屋の明かりがついていて、姉はとても感心した。昔から地道な積み重ねを怠らない彼を見て、両親は本当にうちの子なのか？　と、また姉は本当に姉弟なのか？　と、弟との共通点を隈なく探したものだ。春には満開の桜の下で咲いていてほしい。努力が得意な弟は神頼みをしていなかったようなので、代わりに私がしておいた。東京に住んでいるので、道真公が奉られている湯島天神を参拝し、絵馬やおみくじ、お守りを買ってできる限りの神頼みをした。おみくじは大吉で少しの弾みになればと彼のお財布に忍び込ませておいた。

そうして貴重な帰省を楽しんでいると成人式前夜となった。「明日の朝5時に出発して、着付け、ヘアメイクをしてもらう美容室へ向かうのか……」とギリギリまで眠りたい欲を発揮して4時45分に目覚ましをセットした。

早起きに成功し、予定通り事が進む。冬の朝方はまだ月が輝いていた。車の揺れが心地良く目をつぶれば、すぐに夢の続きが見られそうだった。30分くらいウトウトしていると美容室に到着して、まず着付けをしてもらった。ぐっと力を込めて帯が締められていく。和装の好きなところは美しい柄もそうだが、帯が締まって強制的に背筋が伸びるところかもしれない。この感覚に大人の第一歩を重ねる。どんな大人になるのかしら。これ以上自分のことが嫌いにならないと良いな。大切に想う人に出会った時、躊躇わず自分の気持ちを素直に伝えられると良いな。そんな理想を描いて、今そちら側へ行こうと足に力を入れる。母も自分の成人式の日、そんなことを思ったりしていたのかな。

振袖は数十年前に母が袖を通し、その後祖母が丁寧に保管してくれていたよう。いつだったか、祖父母の家に行った時に母が「成人式の時に着た振袖よ」とタンスの奥の方から引っ張り出して見せてくれたことがあった。真っ赤な生地に黒の模様が映えて、とても美しかった。私も成人式で着たいと、その時から胸に秘めていた。成人式の案内が届き、昨年末に気恥ずかしいながらも「母が着た振袖を着たい」と言ったところ、母は「赤だけど良い？」「数十年前のだけど良い？」「おばあちゃんに状態聞いとかないかん」と不安な口ぶりでも嬉しそうに聞いてくるのがおかしくなって私は笑ってしまった。

あまり大きな声では言えないけれど、照れ隠しのためだった。ヘアメイクも素敵にしてもらい、自分の容姿に自信がプラスされる。振袖は初めてではなかったが、歩き方や所作に慣れない。大股の一歩が致命傷となるため、よちよちと歩く。いつもの歩幅ではないから自然と足を出すスピードが最大になった。車に乗るのも一苦労だ。車にお尻から突っ込んで足を浮かせて全身を入れる。着崩れの対処法なんて知らないから、大雑把なりの丁寧を惜しみもなく出力する。振袖だけじゃなく頭にも気を使わなければいけない。素敵な髪型を崩してしまっては超早起きをしてくださった美容師さんたちになんと言えば良いのか。

　緊張感を途切れさせず成人式の会場まで行った。私の大親友をはじめとした、思い出の中の人たちと再会した。大人の雰囲気を感じさせる友人たちも、口を開けば大体変わっていなかったし、マスクで大半を覆われた顔を覗き込むと思い出の顔とそっくりだったりする。私も思い出の中の私のように自然と話す。「変わってないね」と言われた。沢口愛華としてではなく、あの時の私の延長線上で話してくれるのが嬉しかった。式典では小学6年生の時の担任の先生方が来てくださった。老けたとは思わなかったが、家族ができたと目尻にしわを寄せていた。変化を楽しんだ式典が終わってからが本番という感じで、終わるや否や外に出て写真を撮ったり、「え？　誰？」「あいかだよ」「まじ！」みたいな会話を10回くらい繰り返したりした。例年、小学校で式典が終わると中学校に行く流れがあるらしく、友人たちと中学校に行った。数時間後に同窓会で会うのにと思いながらも、懐かしさに別れを惜しんだ。

　中学の同窓会に出席するため振袖からドレスに着替え、同窓会が始まる時間まで、旧ベスフレと呼んでいる高校で出会った友人とお茶をした。旧ベスフレと聞くと今はなんなの？　となりますよね。高1の時に同じクラスになって急速に仲良くなったと思えば、高2で別々のクラスになり居場所が分からずお互い病み期に突入し、そんな状況で話してもケンカになっていたが、高3で同じクラスになり、今まで以上の仲良さを築いたことから、旧ベスフレと呼んでいます。意味が分かりませんね。意味は無いです。高校生のノリってやつです。そんな友人とお茶をしながら近況報告会が催され、彼女の良さがじんわり滲む時間になった。ちょっと達観していて、人の痛みに敏感で、人の良いところを認められる彼女の波長は、穏やかな中にも、小さな喜びに反応しているような、細かな振動が含まれていて、それが心地良かった。同窓会の時間も迫ってきたので、話を強引にまとめて年末また会おうと約束した。

中学の同窓会は100人弱の規模で行われた。同級生の3割ほどが集まった。思い出話に花を咲かせるというよりは、恋愛事情や近況といった何気ない会話がさらりと交わされ、先月も会っていたのかと錯覚する時間になった。中学でお世話になった先生方のビデオメッセージを見たり、クイズ大会やプレゼントの抽選会などもあったりした。ここでこんなことを書くのは良いことなのか分かりませんが、中学の時に初めてドキッとしたあの子を久しぶりにこの目で見ることができて、あの時みたくドキッと心臓が跳ねる感覚がむずがゆくて、追っては目を逸らし、近付いたら一定の距離まで逃げるというのを繰り返し、友人に「話し掛けるくらいいいじゃない」と促されても、そんな勇気はないし、同窓会マジックにかかっているだけだと言い張った。それでも心の内では幸せであってくれと願い、目が合ってしまった時には笑って先に目を逸らした。自己完結は昔から得意だった。今回もそういうことなのだ。

大人というのはすぐになれるもんじゃない。分かっているのに生き急ぎすぎた10代後半。孤独を知ったこの2年。失ったものばかりが目の前に転がっているけれど、思い出の中には友人と笑っている私がいて、ドキッとするあの感覚を怖がっている私がいる。独りじゃない私がいる。思い出が知っている。口約束ほど信じられないものはないと、19年間で身に染みているはずなのに、「次は一緒に飲もう」を私はすでに楽しみにしている。

B.L.T.'23年3月号('23年1月27日発売)掲載

Jesus, does anyone?

2月上旬に〝旧ベスフレ〟の誕生日があった。旧ベスフレというのは前回の「沢口生活」でも少し触れたが、高校で出会った友人のことだ。高1で同じクラスになり、高2で離れ、高3で再会という3年間を経て、旧ベスフレという通称ができた(正式には旧ベストフレンド)。旧という字から「今は仲が悪いのか」とか「元彼か」とかTwitterで推測しているツイートを見かけるが、毎日LINEをする仲だし、女の子のことなので安心してほしい。勘違いさせるような通称にした私が悪いのは百も承知だ。なお、この呼び方を使うのはメディアで彼女のことを話す時だけで、普段はお互いを苗字で呼び合っている。彼女の苗字には〝犬〟という字が入っているのに、彼女の家では猫を3匹飼っていた。

彼女と初めて話したのは、新入生が集まった体育館だった。クラス写真を撮るために、私のクラスは出席番号順に二列並びで待機していた。「トイレに行きたい人は今のうちに行ってください」と担任が私たちに初めての指示をする。ソワソワした場の雰囲気に胸が張り裂けそうだった私は、トイレに行くことを口実にして一旦その場から抜け出そうと思った。だが、誰一人行く気配がなく、周りの様子を伺っていると、隣に座っていた未来の旧ベスフレが「トイレ行かん?」と私に話し掛けてきたのだ。私はこいつを使って外に出ようと思い、「分かる、行きたい」と言って、高校に入学して初めてとなるサボりを2人で実行した。トイレまで走って行くと、少し息を切らしながら、大笑いした。2人ともトイレには行かず、前のクラスが体育館から出てくるまで、先生に見つからぬよう物陰に隠れてLINE交換などをした。

出会ったばかりの頃は私だけが彼女を下の名前で呼び、彼女は最初から私のことを苗字で呼んでいた。ほかの子のことは下の名前で呼んでいたのに。でも、気付いたら彼女がいつも隣にいた。

言う前からバレてしまっていたが、〝アイドル〟という普通の高校生ではない側面を持っていることを自分から打ち明けたのは、彼女が初めてだった。だから、「ミスマガ(ミスマガジン2018)」のグランプリを獲ったことも彼女にだけは発表前に話した。大雑把に伝えたからなのか、私の異質な側面を他人に悟られないようにするためなのか、彼女のリアクションはあまり大きいものではなく、「おお、おめでと」と日常に溶け込んだ言い方だった。

旧ベスフレのほかに、同じクラスの女子7人と行動を共にするようになった。これがたまに私のTwitterや配信でその名が出てくる〝まなちゃんず〟だ。由来はマナという女がいるから。マナにリーダーシップがあるかと言われたらないし、なぜそうなったかは高校生のノリと答えるほかない。ただ、まなちゃんずを分かりやすい言葉で言い換えるとしたら、「めんどくさい女の集まり」だ。すぐ写真を撮って証拠を残すまなちゃんずイチの情報通な女、可愛い女の子が好きで奇想天外な発言ばかりする話が通じない女、まなちゃんずイチの陽キャで男女にモテまくるバスケ部の女、にぃに(兄)にいつも送り迎えしてもらっているダンスがとても上手な女、基本的に他人任せでマイペースすぎる女、おばあちゃんのように超優しいが正体が掴めない女、邦ロックが好きでみんなからドンと呼ばれている女、そして、誰一人置いてきぼりにしない旧ベスフレと超ツンデレの私。そんな私たちを取りまとめてくれるのは旧ベスフレで、彼女がいなかったら今頃みんなLINEグループを抜けていたと思う。

まなちゃんずで過ごした高校1年の学校生活はとても愛おしい。朝、教室に入る前の廊下で彼女たちがいるのを耳で把握するのが日課になっていたり、授業中に手紙を回して宿題を写させてもらったり、物理のテストの最低点数を競って全員が低いことに安心したり、ダサい制服に文句を言いながら真夏でもカッターシャツで過ごしたり、スカートを膝上で穿いて生活指導の先生に叱られて反抗したり、旧ベスフレが一目惚れした子に変なあだ名を付けたり、帰り道のコンビニで私が表紙の雑誌を一番前に置いて「売れますように」と手を合わせてくれたりと、楽しい思い出がいくつも浮かんでくる。

当時、私が舞台に出演していた時のことも忘れられない。終演後、プレゼントボックスから見慣れた字体の封筒を見つけた。その中に種類の違う紙が何枚か入っていて、それはまなちゃんずのみんなからの手紙だった。私に内緒で旧ベスフレが舞台を観に来てくれて、みんなからの手紙をまとめて届けてくれたのだった。内容は「お疲れ様!」「よくがんばったね」と労いの言葉ばかりで、心が温かくなった。なぜか1枚だけ英語の小テストの解答用紙が混じっていて、決して良いとは思えない点数の裏に何か透けて見えたので裏返してみると、これまた決して上手くはないキャラクターが描かれていた。授業中に描いたのだろうなと想像がつく。そして、下の方に「早く会いたいね」と一言添えられていた。稽古のために3週間も休んだ学校に、早く行きたい。ただの学校じゃなくて、彼女たちの声が響く学校に。そう思わせられた。今振り返ると、私が学業と仕事を両立できたのは、彼女たちの温かさに守られていたからだろう。

初めて出会った季節に戻った。私たちは高校2年生になった。集会で隣にいるのは知らない女の子だった。みんな同じ文系なのに散り散りに別のクラスになってしまって、教室までの廊下は騒がしいのに寂しくなった。またイチから新しい友達を作れる気がしなかった。それを見兼ねてか、朝のHR前にまなちゃんずの誰かしらが私の机の前に来るようになった。中でも、旧ベスフレが一番多く来た。彼女も新しいクラスに馴染めないらしい。クラスから浮いた者同士、保健室に一緒に籠ることが多くなった。そうは言っても、やはり話す機会は少なくなり、お互いに交友関係が変化していった。旧ベスフレが私の知らない子と楽しそうに話している姿を見かけて違和感を覚えた。それを悟られたくなくて無理やり作った友だちと仲良くした。でも、長くは続かなかった。

1年の頃の担任や副担に会うと、いろいろ質問された。私のことと彼女のことを心配して。答えがはっきりしない私を見て、先生はほかの話題で場を繋ぎながら、見送ってくれた。体育祭は休んだ。走りたくないし、みんなの前で踊るのも怖かった。文化祭は行ったのか、行ってないのか覚えていない。何かしら行事に参加してみたところで、去年は楽しかったなという感想が出てくるだけだった。

仕事やズル休みのせいで授業についていけていなかったため、一人で勉強する時間が増えた。去年より成績が上がった。このままいけば大学にも進学できるらしい。でも、こんなに学校生活が退屈ならずっと働いていた方がいいんじゃないかと思った。働くのは楽じゃないし、つらいことも多いけれど、一人で生きていけるお金は得られるから。

だんだんとサボらず授業にも顔を出せるようになり、あとは3学期が終わるのを待つだけだった。そんな折にコロナが流行り始めたのだ。学校は閉鎖され、家で課題をこなす生活になった。人に会えない生活は私を救ってくれた。

始業式にだけは集まり、高3のクラス替えが行われた。クラス替えをしても、すぐ学級閉鎖だろうと高を括っていた。荷物をまとめて先生に言われたクラスに向かった。廊下を歩いていると、不意に後ろから私の苗字を呼ぶ、知っている声がした。振り向くと、旧ベスフレがニヤニヤといつものガニ股で走って来た。どうやら同じクラスになれたらしい。私は「何？」と冷たくあしらってみたものの、内心はガッツポーズを決めていた。それに実を言えば、新しい組が分かってから彼女にちゃんとLINEしておいたのだ。それを見て、彼女は2年生の時に持ち帰れなかった教材を両手いっぱいに持って、ガニ股走りで息を切らしながら来たのだ。可愛い奴だと思った。

　1年生の頃のようにいつも彼女の隣で学校生活を過ごした。だが、なぜかお互いの歯車が噛み合わない。彼女は元々、人に気を配ることが上手すぎるくらいなのに、さらに磨きがかかっていた。私は元々内弁慶なのに、さらに磨きがかかっていた。そもそも私たちは両極端な場所にいた。お互いがお互いの行動にムカつくようになった。でも、大人に見られたい、ケンカはしたくないと意地を張っていたので、なんともない涼しい顔でやり過ごしていた。

　そんな中、高校最後の文化祭で私たちは文化祭委員を任された。任されたこと以上のことをしようとする彼女と、少しくらい人に任せてでも楽をしようとする私では意見がてんで合わず、初めてケンカをした。傷つきながら傷つけた。結局、同級生と接するのが上手な彼女はクラスのみんなと準備をして、先生たちとの繋がりを広く持っていた私(内弁慶な私でも大人と話すことは楽しく感じていて、保健室に来る先生たちとよく話していた)が業務連絡を取る体制で落ち着いた。文化祭が無事に終わると、今までケンカ腰になっていたのが馬鹿らしくなった。誰もいない夕陽が差し込む教室で、何が面白かったのかは覚えていないが、初めて会った時のように大笑いした。それからはまた仲良く、コロナで制限された残り僅かな高校生活を送った。

　私の仕事がない時は、休みの日も遊ぶようになった。新しくできた商業施設で偶然会った同級生とUFOキャッチャーをして同級生の2000円を溶かしたり、栄でテイクアウトしたケーキにフォークが入っていないことに二人で憤慨したり、名駅のご飯屋さんで頼んだ肉寿司が私たちが思っていたものと違ったり、なぜか彼女との休日は上手くいかないことが起こるのだった。そんな思い出が、今、話の軸になって私たちを笑わせてくれる。

　いつしか先生たちから「コンビ復活だね」とかなんとか言われるようになった。二人で顔を見合わせて「えぇ？　こいつとコンビ？」と強がったが、満更でもなかった。1年生の頃のようにまなちゃんずのみんなと帰るようになり、話すことは進路のことと思い出話が増えた。

　コロナのために短縮された卒業式では、涙一粒出なかった。でも、式の後、また計画的に持ち帰らなかった荷物を両手いっぱいに持って、ガニ股で走ってくる旧ベスフレを見た時、それが面白くて笑っていたはずなのに、涙が出た。

　卒業後、私は上京して、彼女が呼ぶ苗字ではない苗字で仕事をしている。彼女は一方、幼い頃からの夢を具現化しようとしている。毎日、顔を合わせていた時に比べると当たり前だが全然会っていないし、彼女の近況なんてほとんど知らない(私のTwitterを見て、彼女は私の近況を把握しているらしいが)。とはいえ、一日一回ほどの頻度でLINEはしているけれど、生死の確認ができるくらいの内容だ。例えば、クリスマスの一カ月以上前からは毎日カウントダウンされる(少し迷惑を被っている)。その苗字にふさわしく、高校の途中からようやく飼い始めた犬の写真もよく送られてくる。犬なのにほかの動物の名前で呼ばれている。とある夜中、その犬の写真集を作るために芸能事務所にその犬を所属させようと冗談で盛り上がっていたら、ふと、あることを思い出した。その日は彼女の誕生日だったのだ。気付いた時には日付は変わってしまっていたが、何事もなかったかのように「誕生日おめでとうございました。」と20歳を祝って、眠った。翌朝、彼女から来ていたメッセージのせいで、もう一度「おめでとう」と言わされることも知らず、スヤスヤと眠った。

トイレに誘われた時、今ならすぐ分かる悪巧みをしているあの笑みに着いて行って良かった。おかげで、この連載、最多の文字数だ。とはいえ、「数字で人を測るな」という言葉はごもっともで、これだけは言っておきたい。いつもの1・5倍の文章量だったところで、私たちのことをほんの一部書き表したに過ぎないのだ。

でも、こんなに仲良くなるなら、もっと運命的な出会いをしたかった。だって、要するに私たちの出会いは連れションでしょ?

B.L.T.'23年4月号('23年3月3日発売)掲載

でも同じ釜の飯を食っていた。

東京で一人暮らしをする私が引っ越すというので、母が地元の名古屋から手伝いに来てくれた。母が持っていた大きなカバンにはお泊まりセットと、今朝、土鍋で炊いた牡蠣ご飯を詰めたタッパーが入っていた。私は母の作る料理がとても好きで、それに牡蠣は最近、好物になった。母は私の最新の好みまで熟知している。名古屋から東京まで母と共に新幹線でビューンと来た牡蠣ご飯は冷めていたけれど、私は温める時間すらも惜しく思って、そのまま大きな一口で頬張った。母らしい薄めの出汁に牡蠣の存在感、生姜のアシスト、噛めば噛むほど感じる祖父母が作ったお米の甘み。引っ越し前の腹ごしらえは牡蠣ご飯の一品だけだったが、それに満足して、その後は何も食べなくとも引っ越し作業を無事に終わらせることができた。

私の20年を振り返ってみると、「食」の記憶が大きく占めている。いや、「家族の食」が大きく占めている。父は野菜を好まない。特にきのこ類は拒絶反応だ。金ちゃんヌードル（西日本で販売されているインスタントラーメン）に入っている椎茸は、お湯を注ぐ前に一つ残らず抜いていた。その光景は衝撃的で十数年経った今でも鮮明に思い出せる。椎茸のエキスが入った出汁は好むくせに、どうしてきのこそのものは苦手なのかと聞くと、「幼少期に食べ過ぎた」と父は言う。保育園児だった私も、今の私もその理由に納得したことはない。ほかにもピーマンやトマトなどの緑黄色野菜にも同じ理由をつけて拒んだ。そしてさらに、私の食人生を左右した父の嫌いな食べ物がある。生魚だ。イカやタコといった軟体動物、イクラなどの魚卵は食べるのだが、生の魚が食べられない。だから、食卓に寿司や刺身が並ぶことはないし、たまの外食に寿司屋が選択肢に挙がることはこれまた絶対にないのだった。おかげで私は生魚に執着し、祖父母宅へ遊びに行った際は、父が居ないことを良いことに、「お寿司が食べたい」と懇願して、よく連れて行ってもらった。それを母から聞いたのか、父が外食の選択肢に寿司屋を挙げてくれて、家族で初めて回転寿司店に行ったことがあった。私や弟、母は流れてくる寿司たちに気分が上がった。父はというとイカとタコとイクラをローテーションし、私たちとは反対の表情をしているように見えた。「美味しい」を存分に感じられない休日の外食はかわいそうだと思って、それ以降、家族で寿司を食べには天変地異が起きても行かないと私は決めた。だから上京した今、私は週一で回転寿司店に行っている。

一歳年下の弟はジャンクなものが大好きだった。父も好きだけれど、半世紀近く生き抜いてきた身体にはキツくなってきたそうだ。弟の初めてのバイトはファストフード店で、割引で買える賄いを毎回楽しみにしていたらしい。そんな弟も野菜が苦手だ。だが、父とはちょっとだけ様子が違う。野菜が食べられないわけではなく、必要なければ食べないというスタンスだった。母も食べなさいと強制はしなかった。そのスタンスにある日、革命が起こった。祖父母が毎朝通っている喫茶店のサラダを完食し、私の分まで食べたのだ。みんな驚いた。中学生にしてようやく野菜の美味しさに気付いたのかと私は嬉しく思った。しかしそれは早計で、完食できた理由はドレッシングだった。弟曰く、ほかのドレッシングとはまるで違うらしい。私にはそのドレッシングが辛く感じて、苦手だったが。喫茶店のママ（店主）に聞いてみると辛子が入っていると教えてくれた。母は、息子がなんにせよ生野菜を美味しいと言って食べたことに感動したのか、ママにそのドレッシングを譲り受けていた。祖父母が常連で良かったと思う。そう言えば、弟は豚汁も好んだ。野菜がたくさん入っているのに、おかわりすらする。きっと豚の旨味が野菜の存在を追い越して弟の舌を刺激しているのだろう。弟の食に関して謎なのが、魚をおかずとして見ていないことだ。そう思って食べていないらしいのだ。日本の定番の主菜なのに。だから、魚が並ぶ食卓には弟にだけ納豆が必ず添えられていた。納豆を主菜、魚を副菜として食べる男なのだ。確かに納豆は美味しい。小学生の頃は苦手だったが、今は私も大好きで、冷蔵庫に納豆がなくなると買いに行かなくては、と思うほどだ。でも魚を副菜にしてまで納豆が勝つかと言われれば、私はそうではない。魚が勝る。例えば、焼き鮭。皮をパリパリに、身は表面をカリッと、中はほろっと焼いて、噛み締めるとガツンとくる塩味と鮭の脂が、白米をいくらでも口に運ばせる。これは幸せのほかない。

我が家はつくづく納豆に救われて生かされていると思う。ある時、今度は母が革命を起こした。我が家だけのレシピではないのだが、納豆を白米の上ではなく、パスタの上に乗せたのだ。母の理論によると、Ｘ（納豆）＋Ｙ（ご飯）はＸ（納豆）＋Ｚ（パスタ）でも成立するらしいのだ。しかもＺ（パスタ）の方には塩昆布がまぶしてある。これは本当に美味しいのか、懐疑の念よりも不安が先走った。一口分をフォークに巻きつけ、口の中に入れる。問題は咀嚼だ。納豆のねばねばはどう作用するのか。恐る恐る咀嚼してみると、それから止まらなかった。パスタの一本一本がちぎれる食感に納豆のねばねばが乗っかる。癖になる。それからというもの、この〝納豆パスタ〟は、私と弟がミートソースよりも好む我が家の定番メニューとなった。でも、納豆パスタは父には受け入れられなかった。Y＝Zでは父に革命は起こらなかった。料理は難しい。

母はというと、特に食の好き嫌いがない。私と似ている。でも最近、母と二人で外食をしようとした時のことだ。「何が食べたい？」と聞くと、返ってきた答えが「肉」だった。なるほどそういう気分の日もあるかと思ったが、それが数回続いた。いつまでも食べ盛りの私のためにガッツリとしたものを選んでくれているのかと思い、「たまにはお魚系にする？」と聞くと、「いや、ママそんなに魚好きじゃない。お肉食べたい」と言うのだ。弟と話しているみたいな物言いに、思わず「え？」と再確認と驚きを混ぜこぜにした返事をしてしまった。ということは、家族の中で魚料理を美味しいと思って食べていたのは、私だけだったのか。母の「今日のご飯何がいい？」の問いに高確率で「魚！」と返し、鯵の干物も、焼き鮭も、鯖のみりん干しもいいよねと会話していたのは幻想だったのか。「魚好きじゃないのに、なんで食卓に魚を出してくれてたの？」と聞くと「あいちゃん（両親は私のことをそう呼ぶ）が、魚好きだからさ」と母は言った。私が生まれてから十数年、魚好きを演じてくれていたのだった。

家族の嫌いなものを挙げ、WHY！　と首を傾げる私だが、しっかりと嫌いな物が私にもいろいろある。一つは、刺激物だ。ドレッシングに入っている辛子、カレーや麻婆豆腐など辛い物は苦手だ。痛いのだ。痛みが長く続いて、終わりが来る気配もないと絶望さえ感じる。あとはパクチーと八角。グラビア撮影でタイに行った時にパクチー、台湾に行った時に八角が発覚した（八角だけに。……すみません。）。パクチーはトムヤムクンのせっかくの美味しさを、八角はルーロー飯のせっかくの美味しさを邪魔しているとさえ個人的には思う。これらに傾向があるとすれば、私は癖の強い物が苦手なのだろう。ナンプラーも苦手だった気がしてきた。

私の将来の夢は栄養士になることだった。祖父母がお米や野菜を作っているのを手伝ったり、何を作っても美味しく仕上げる祖母や母の隣で料理を教わるのが楽しかったからだと思う。母が美味しく料理してくれたものを食べない父や弟が嫌いだったからというのもある。私だって嫌いな物はあるが、出された物はちゃんと残さず食べる。小学校の卒業文集には「栄養士になって野菜の美味しさをたくさんの人に伝えたい」と書いた。野菜を美味しく食べてほしい、なんてただの私のエゴだけれど、かんかん照りでも雨でも畑に行って野菜を育ててくれる人や、残されても毎日ご飯を作ってくれる人のことを見て見ぬふりはしたくなかった。そう思って、高校生までは栄養士を志していた。今は別の道に進んだけれど、祖母や母の料理をお手本に、栄養バランスを考えた食事を作るように心掛けている。

母がもう一つ革命を起こしたことがあった。サイダーが半分入ったグラスに牛乳を注いだのだ。牛乳が主原料のアイスクリームをコーラに乗せたコーラフロートがあるのだからありえなくはないと思うのだが、牛乳とアイスクリームでは違いすぎる。私が、炭酸は刺激が強く苦手なのを母も弟も知っているので、まず弟がグラスに口を付けた。唇からグラスを離すと一言、「うまっ」。マジかよ、それうまいのかよと好奇心は出たものの、炭酸への苦手意識がすぐに追いついて「嘘だあ！」と異を唱えた。しかし、母は「でしょ！」と嬉々として弟からグラスを奪い、一口飲んでいた。私を置いて、二人が新しい境地に行ってしまう寂しさを感じ、「私にもちょうだい！」と母からグラスを奪い取ると、恐れを感じながらも喉に流し込んだ。これは確かに革命だった。舌で弾ける炭酸を牛乳のまろやかな口当たりが包み、炭酸は弾けるというより舞う感じだ。こんな中和アリかよ！　と、二人が先に行った境地に私も辿り着くことができた。だが、父だけは行儀が悪いと言って味見さえせず、今も新境地に辿り着いていない。

B.L.T.'23年5月号('23年3月28日発売)掲載

夢は必ず叶えようね

桜の開花宣言があった。薄紅色の桜だけではなく少し濃い桜もあって、遅れて咲いた梅なのかと混乱してしまう。花びらの形が似ているから尚更だ。引っ越しのトラックをよく見かける。年中見かけるものだけど、この時期は特に目に留まる。新生活への不安や期待を混じらせた顔をした何かの一年生たちが溢れる街で、私は社会人3年目になる。1年目を迎えたばかりの頃の私は、まだ地元の名古屋にいて、大器晩成を願ってニートみたいな生活をしていた。今は見逃し三振だけは避けたいと、無闇にバットを振り続けている。すぐに疲れてしまうが、それでも楽しいと思えるようになった。彼女のおかげで。

彼女は仕事仲間で、いつも私のことを支えてくれた。「さわぐち あいか」という名前を「さわちゃん」と呼んでくれた。あだ名を付けられたことがない私は「さわちゃん」というあだ名がお気に入りになった。周りからは仲が良い2人だと言われていた。確かに自覚するほど仲は良い。仕事で毎日のように顔を合わせているのに休日まで一緒に過ごすくらいだから。フェスの年越しカウントダウンに行ったり、お互い一番の好物のオムライスを食べに行ったり、クリスマスイブには一緒にアフタヌーンティーをして、イチゴのスイーツをお腹いっぱいに食べた。仕事の時はデレデレダラダラせずにきっちりやるべきことをやって、終わったらコーヒーや甘いものがあるお店で2、3時間おしゃべりした。将来の話もした。お互いちょっと人に臆病で、でも人が大好きで、人と関わり続けられる将来を夢見ていた。その大きな夢にはまだ届かずとも、小さな夢を二人で、一つひとつ叶えていくことが嬉しかった。そんな日々がずっと続くと思っていた。

2022年の年末、私は映画ロケ(2023年夏公開予定)で大分に行き、エブリデイ温泉、エブリデイとり天で身体に良いんだか悪いんだかよく分からない1週間を過ごした。そして、先ほど少し触れたが彼女と一緒に行き、私にとって初フェスとなった「COUNTDOWN JAPAN202

2－2023」の04 Limited Sazabysさんのライブでカウントダウンし、2023年を迎えた。不安定な自分に耐えきれず、そこから逸れようと自らにマイナスな言葉ばかり浴びせていた自分をこのフェスが浄化してくれた。特にサンボマスターさんのステージはこれからの私を支える言葉で溢れていて、「また来年もこの場所でサンボマスターさんの歌を聴きたい」と涙を拭って、私の〝花束〟を持ち帰った。

浄化されたはずなのに、初めて挑戦する映画という仕事の不安を隠しきれず、私は彼女とぶつかった。高校の頃の友人とケンカした時のように、言葉に気を配っていた。そのせいか、かえって私のフラストレーションは溜まるばかりで、一番言っちゃダメな言葉を彼女に投げ掛けてしまった。もう取り返せないボール。後悔した。でも、彼女は避けずに受け取った。そして、「それは、さわちゃんを大切に思っている人に言うもんじゃない」と私に豪速球で投げ返してきた。私は何も言えず、部屋を出て行った。

彼女の言葉は私にとって重い。彼女の過去を聞いたことがあるからだ。随分とでかい山を越えてきたらしい。私は経験からの想像ではなく、絵空事の想像でしかそれを描けなかった。実際にその山を越えてきた彼女の言葉は私を傷つけ、現実を突きつけた。今から私が越えなきゃいけない山は、彼女が乗り越えてきた山に似ているように思えたからだ。素直に泣けない私は、「そんなに強くなれない」と独り言を呟いた。

成人式の様子は何回か前の「沢口生活」に書いたが、その数週間後に約3年ぶりの海外へ行った。グラビアを始めた頃、冬の寒い間は海外で撮影することが多く、一時は2週間に1度渡航していたものだった。よく訪れたのはグアムで、仕事だと分かっていても、バカンス気分で撮影をしていた。だが流行病で出国できなくなり、スタッフの方々と「早く海外に行きたいね」と話すのが、冬の撮影の定番トークとなった。「早く海外に行きたいね」から「もうそろそろ行けるんじゃない？」と希望が期待に変わり始め、ようやく海外渡航のハードルが下がり、久しぶりにグアムの眩しい日差しを浴びることができた。スタッフさんも私も浮かれ気分であっという間の3日間だった。ただ、約3年の年月は短いようで長かった。グアムに行ったら必ず訪れていた飲食店が潰れてしまっていたり、お世話になったコーディネーターさんが転職していて会えなかったりで、寂しく悲しい気持ちにもなった。

2月に入り、月末に控えたフォトブックの発売にあたって、サイン書きや宣伝などの活動が始まった。ウェブで連載していたグラビアのアザーカットと、フォトブックのための撮り下ろしを2冊にまとめた。1年間、週1で連載していたおかげで出来上がった2冊は実家にあるアルバムみたいに重かった。今まで写真集を2冊、フォトブックとカレンダーブックを1冊ずつ(記憶の限りなので正確ではない)出版していたので、サイン書きはお手のものだった。スタッフの方も「沢口のサイン書きは早い!」と太鼓判で、およそ200冊を大体2時間くらいで終わらせる。それを今回は約4時間で1000冊弱書いた。つまり、これまでの倍以上、2時間で500冊書いたことになる。たぶん奇跡が起こった。約1000冊は私史上最多だ。サインがゲシュタルト崩壊を起こすところだった。その後にほかの仕事も控えていたので、タイムリミットをひしひしと感じながら、サインを書き続けた。書いても書いても東京のビル群のようにそびえ立つ本を見て、家に送ってもらって宿題にしようかと諦めそうになったが、家でやるわけがないとすぐに悟って、黙々と作業を続けた。しかし、途中からサイン書きのルーティンができてスムーズに進んでいった。本の包装を破いて取る人、サインするページを開く人、それを私の前におく人、そこに私がサインをする。そして、そのサインが隣のページに写らないように紙を挟む人、ある程度時間を置いてからその紙を抜く人がいて、最低でも5人の方に手伝ってもらう、最強ルーティンで回した。その甲斐あって1000冊弱を4時間で捌くことができた。父考案のサインのおかげもあってかなと、5年くらい前の父に感謝したりもした。

そのサインが書き込まれたフォトブックを持って大阪、東京でお渡し会を開催した。忙しい中、会いに来てくださった皆様にはとても感謝している。イベント中ずっと私の隣にいた彼女に「あの方が○○さんだよ」と教えると、「あ、いつもSNSにコメントしてくださる方だ!」と合点がいった顔をしているのを見るのが楽しかった。フォトブックの発売日が私の20歳の誕生日と同日だったこともあり、たくさんのおめでとうをいただいた。地元名古屋に行けなかったのは残念だったが、パネル展を1週間ほど開催していただき、とても嬉しかった。母は見に行ったそうで、現地の様子を母が撮ってくれた写真で私も楽しむことができた。本当に感謝するとキリがないくらい、皆様に支えられているのだと再再再再再確認した。東京のお渡し会ではフォトブック関係の仕事が最後ということで、撮影に関わってくださったスタッフさんたちが楽屋に遊びに来てくれた。休憩中にケーキを食べたり、思い出話に花を咲かせたり、いただいた誕生日プレゼントを開封したり、休憩をする時間なのにフルスロットルで笑っていた。

最近の出来事なのに、もう思い出になっていく。最近はずっと彼女と一緒にいた。持っている洋服の全てのレパートリーを費やしたくらい。

新年度を迎える前に新居に引っ越すことになった。引っ越しシーズンに差し掛かっていたので、引っ越し業者の枠がなくなるのを懸念して、とにかく早く引っ越せるように準備をした。忙しく段ボールに物を詰めていく。ファンの方々にいただいた手紙やギフトが入ったボックスを引っ張り出すと、作業の手が止まり、何通も読み返してしまった。生誕祭やお渡し会、ファンミーティング、さまざまなイベントの思い出が心を温かくした。ボックスの中には彼女好みのレトロなデザインの封筒があって、一瞬それを開けることを躊躇った。その手紙を読むと泣いてしまう私がいるからだ。私が20歳になった時にくれた、最初で最後の彼女からの手紙。私と彼女の思い出を辿りながら私の良いところがたくさん書いてある手紙。字面を見て、再生される彼女の声が脳内に響く。涙粒で字が滲まないように、と視線を真っ白な壁に移し、鼻をすする。まだ、私は泣いてしまうようだ。

引っ越し前夜の部屋に敷き詰められた段ボールには、どれも思い出がパンパンに詰まっていた。上京してからひとりぼっちだと感じていたのは、私の心だけだったことに気が付いた。

新しい町の川沿いを歩いていた。桃色の桜が夕焼けに溶け込んでいる。私がアイドルだった時に歌っていた曲の一節を口ずさんでみた。

「出会いと別れの1ページ　夢は必ず叶えようね」。

私がめくった次の1ページにはいない彼女の夢を願って。

B.L.T.'23年6月号('23年4月28日発売)掲載

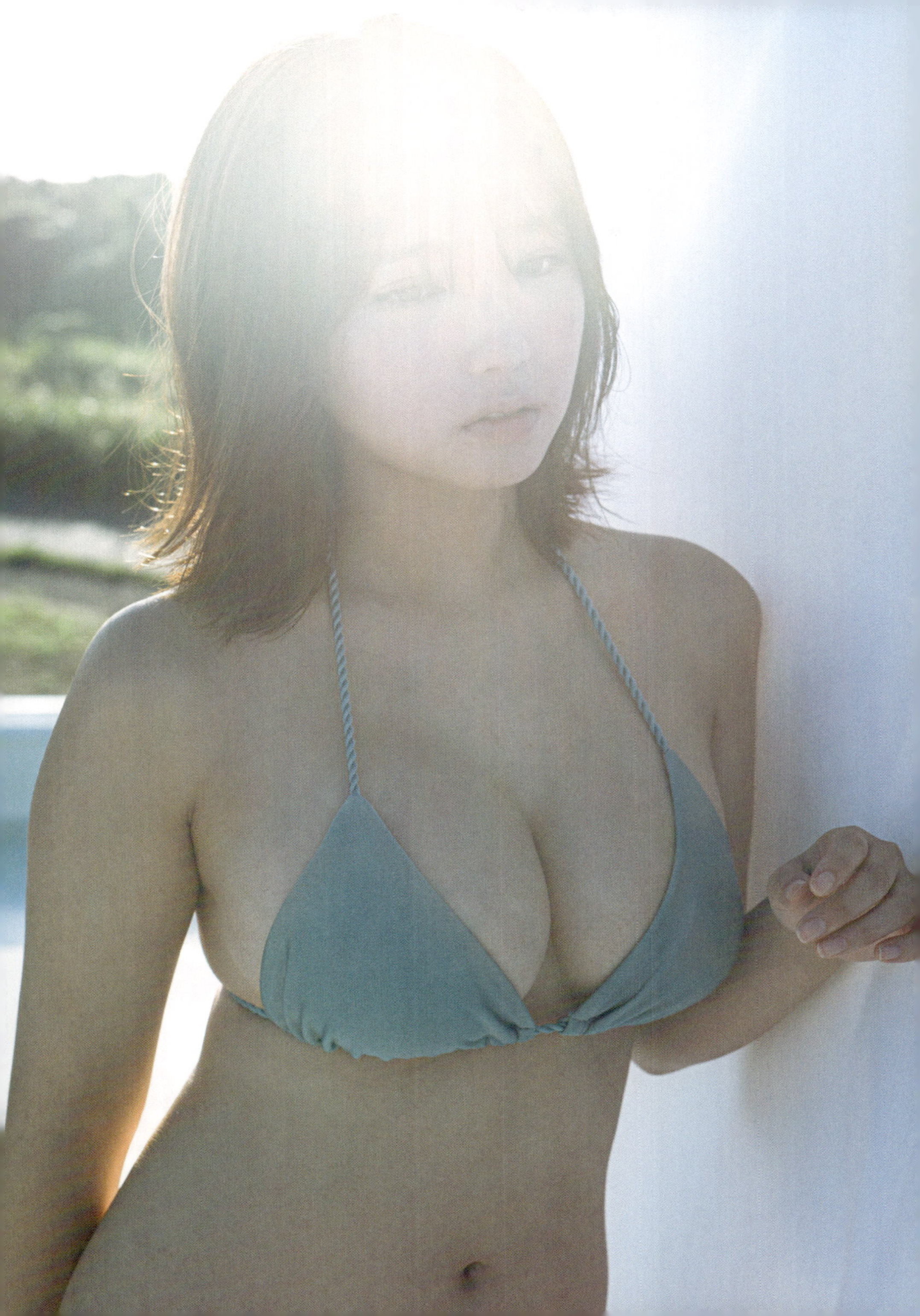

沢口
生活

祖父母孝行

普通、祖父母は父方母方合わせて4人いると思う。

だが、私にとっては3人だった。私が生まれる前に父方の祖父が亡くなっていたからだ。幼い頃に見ていた遺影の祖父は、父と似ておらず、遺影の中の祖父は他人のように感じていた。だが、年月が過ぎてゆき、遺影の祖父に年齢が近付いた父は祖父に似ていると思う。父方の祖母は私が中学生の頃に亡くなってしまった。年に2、3回顔を合わせていた。愛知県の東側に位置する三河に住んでいて、近くにある遊園地に一緒に行った思い出がある。祖母が亡くなったと聞いた時、現実味のない言葉にヘラヘラしていたが、葬儀が終わり四十九日を終え、祖母といつも一緒に行っていた祖父が眠るお墓に、両親、弟、私だけで向かうと、祖母がいないことに急に実感が湧いて、悲しかった。そして、後悔した。母方の祖父母よりも会う頻度が少ないと分かっていたのに、どんどん老いて変化していく祖母に戸惑いを隠せず、父親の後ろに隠れてしまった。手を繋ぐことすら怖かった。毎回黒染めして黒髪だった祖母が白髪姿になっていた時は、もうとても怖くて、同時に予感がした。その予感は嫌に当たってしまって、最後の思い出となった。だから私はずっと後悔している。いっそ、不義理な孫として呪ってほしいくらい。

母方の祖父母はというと、今も健在だ。母方の実家は岐阜県にあって、私が初めて触れた自然は大体そこのものだ。大中小でいうと中ぐらいの畑と特大の田んぼを持っている。月一で会いに行き、農業を手伝った。手伝うといっても野菜の収穫や畑で飼っている猫の世話だ。毎回行くたびに旬が変わっていて、それを見つけるのが楽しかった。私が上京してからは会いに行けておらず、祖父母のお米も野菜も口に入れることなく過ごしていた。だがこの春、珍しいことに旬の盛りをお裾分けしてもらった。祖父母宅のそばの山で取れた筍と菜の花に似ている細いブロッコリーとスナップエンドウ、それに新玉ねぎだ。あと、祖母にしか作れないであろう、しその実が入った漬物も入っていた。全部私の大好きなもの。幼い頃から当たり前に食べてきたものだったから、気が張っている毎日に安堵をもたらしてくれた。

筍は下処理をして水煮のパックになっていた。祖母の気遣いに会いたさが胸をしめた。帰省するたびに、下処理をして冷凍しておいた里芋を母がありがたく貰っていたことを思い出した。上京して家事の大変さや母の偉大さを感じていた今日この頃、祖母はもっと偉大だったことに気が付いた。

水煮のほかに、筍と油揚げの煮物も入っていた。祖母の煮物は世界一美味しい。宇宙人がいたら宇宙一かも知れない。とても優しい味で、落ち着く。だが箸が進むのを止められず、がっついてしまう私はよく母に怒られた。母が作っても私が作っても祖母の味にはならない。恋しくなる味なのだ。料理上手な祖母と母に囲まれて育ってきた私が食に興味を持ち、勉強していたことは必然だったのかもしれない。

菜の花みたいなブロッコリーは小ぶりで茎が細く、つまみ食いにぴったりだ。スナップエンドウは湯がいてそのままで食べたり、マヨネーズにつけて食べるのが我が家の定番で私の一番好きな食べ方だ。湯がく前に下処理をするのだが、スナップエンドウの端を折り、反対の端まで引っ張り筋を取る。やはり祖母と母は筋を取るのが早くて、かつ正確だ。私はというと筋を切り離そうとすると途中で切れてしまったり、筋じゃないところまで切り離してしまっていた。これは熟練の技だなぁと思っていたが、いつのまにか私も祖母や母のようにできるようになっていた。

こういった調理のお手伝いは昔から色々としていて、いとこの中で一番お手伝いをしていた自信がある。寒くなるとお餅をつく。それを大きな正四角形の袋に入れ、平らにして、乾かす。乾いたら袋から餅を取り出し、包丁で縦横に切って小さい正四角形のお餅を量産する。昔は地域の餅投げのために丸い餅を「熱い、熱い」と言いながら親戚みんなで作ったりもした。楽しい行事の一つとして覚えていて、またできたらいいなと思っている。祖父母宅の調理場の冬は大変冷えて、赤く灯ったストーブと袖なしのジャンパーを羽織る祖母がいつもいた。そこのストーブで色々焼くのが、祖父母宅に行く私の密かな楽しみだった。定番は芋やお餅。お餅が膨らんできたら、その日の気分で味を決める。餅に醤油をつけてストーブで炙った海苔を巻いた磯部巻きだったり、砂糖醤油、砂糖だけ、きな粉に砂糖と少しの塩を合わせたもの、納豆、漬物など。祖母の台所には何でもあって、レパートリーが豊富だったが、結局いつも磯部巻きや砂糖オンリーで餅を食べていた。もち米だけの白い餅だけじゃなく、十六穀米が入っていたり、よもぎが入っているのも美味だった。よもぎ餅は砂糖オンリーと合わせるのが一番美味しくて、あまり数を作らない希少なよもぎ餅を弟と取り合った。

あと、ストーブで焼くものといったら、みかん！　これは本当に絶品。なんの一手間も要らず、ただストーブにみかんを乗せて焼くだけなのだが、破裂に注意しなければならない。だからみかんを置いたらストーブから離れちゃいけない。そのルールさえ守れば絶品焼きみかんにありつけるのだ。焼き加減は人それぞれで、私が好きな加減は、今、熱くなりました！　の加減だ。熱を加え過ぎると、みかんのプチプチした食感が楽しめない、気がしている、そして酸味が強調される、気がする。だから常温と熱いの境目を狙うのだ。ここで油断してはいけない。みかんは皮に覆われているから、中まで熱が伝わるのに思ったよりも時間を要する。その間は、祖父のジモトークに耳を貸せばいいのだ。ほとんど知らない名字の人の話ばかりで、決まって農協の人だ。それ以外にも、スマホに乗り換えたばかりの祖父母に使い方を教えたりもした。主に電話、メール、写真についての設定だ。きっとこの説明、前もしたなと思いつつ、何度も説明するのはかえって楽しかった。たまに覚えていてくれて、思い出してくれるのも面白かった。そういえば、スマホを持つ前はデジカメの現像によく一緒に行った。祖父母は旅行に行く頻度がかなり高く、東海地方を抜け出すことも多い。その思い出写真を現像しに行っていた。景色や建物の写真ばかりだが、とても楽しんでいるのが写真からも、お土産話からも伝わる。最近、母伝いに聞いたのは、岐阜県の飛騨高山に行ったこと。流行病で中々行けない日々が続き、ようやく足を伸ばして小旅行に行ってきたそうだ。祖父母の旅行の楽しみ方は景色、建物を見た後に、その土地の名産物を買うことだ。もちろん私たちにもお裾分けをくれる。飛騨高山ではりんご1ダースを買ったそう。親戚やご近所さんを数に入れた買い方は祖母らしくて大好きだ。

親戚が集まった夜ご飯は盛大だ。机を何個も並べて、みんなぎゅうぎゅうで座る。そこで出てくるのは、昼間スーパーに行く祖母についていった際に私が食べたいと言った料理だった。それはいつものことで私がすき焼きを食べたいと言えばすき焼きだし、お鍋だったらお鍋、カニすきも、寿司も手巻き寿司も、何でも叶えてくれた。昔から好き嫌いをしてこなかった恩恵なのかなと思いつつ、「愛ちゃん、今日は何食べたい？」の言葉に甘えていた。

主菜だけでなく副菜にも定番があった。明方ハムだ。東海地方の方だとすぐに合点がいくハム。岐阜県で製造されていて、ちょっとお高めのハムだ。明方と明宝、二大巨塔があるのだが、明宝は全国的に流通しているそうなので、ぜひ一度食べてもらいたい。明方も岐阜県に行った時はぜひ！　明方ハムは生で食べるのが私は好きで、円柱型のハムを肉厚に切って食べるのが至高。マヨネーズをつけても美味しい。ハムカツにしたのも美味しかったな。火を通すことでジューシーさが増す。ちょっとお高いから、祖母にしか買えないものなのだ、と小さい頃に母に教えてもらった。その時から明方ハムは名前を変えて「おばあちゃんのハム」となった。

初夏のような暑さや湿気にヘトヘトしていたのに、真冬の温かい話をしてしまった。父方の祖父母は元気にしているだろうか、お盆はまだ先だが、実家に帰省するついでに家族で墓参りに行こうか提案してみよう。きっと元気にしていて、もしかしたらイチジクが盛りかもしれない。お盆の頃には母方の祖父母に会いに行って、夏野菜の収穫をしたり、鮎を食べに行けたらいいな。夏休みの定番だった大好きな行事を今年は完遂したい。

B.L.T.'23年7月号('23年5月26日発売)掲載

気が置けない

高校生の時の国語の授業で、間違った意味で伝わっている慣用句について勉強したことを思い出した。その中でもよく覚えているのが「気が置けない」だ。「気遣いの必要がない」「遠慮がいらない」というのが本来の意味で、要するに「とても仲が良い」ということを言っているんだと私は解釈している。しかし、それとは逆の意味の「気を使わなくてはならない」「気を許せない」、つまり、「あまり仲が良くない」という誤った意味で使われることが多いらしいのだ。「気が置けない」の「ない」が否定形であまり良い印象を与えないから悪い意味として使われることが増えたのだろうか。そもそも「気が置けない」という言葉自体、日常で使うことが私自身はほとんどないが、一応、私にも気が置けない友人はいる。

もう15年の付き合いになる幼なじみは、とても可愛くて、おしゃれで、彼女の周りはいつも良い匂いがする。小学1年生の時、同じクラスになったことが出会うきっかけだった。今思い出せるその頃の記憶がなく、写真を見返してみると、私と幼なじみともう一人の女の子と仲良し3人組だったらしい。学校の休み時間に「かもめかもめ」をしたり、恋バナをしたような気がした、定かではないけど。それから2、4、6年生の時にも同じクラスで、4年生から始まった部活動も一緒だった。だが、仲良し3人組は1年で終わりを迎え、それぞれの友達を作り、いつのまにかいつメンは変わっていった。とはいえ、部活がバスケットボール部で同じだったので、その幼なじみとは毎日顔を合わせた。よく同じチームで試合もした。彼女はとても器用で、45度のミドルシュートがよく入って、人となりもすごく柔らかだから、輪の中心にいつもいて、いつも笑っていた。私は〝昔仲が良かった人〟としてたまに話した。妬みなどなかったと言えば嘘になるくらい、私が欲しかったものを彼女はたくさん持っていた。

中学生になり、自転車で登校をするようになった。近くに住む幼なじみも、自転車登校をしているらしかった。私は隣の家の子と一緒に行っていたが、その子が部活の朝練のため、一人で登校していると、彼女が友達を待っていた。そろそろ出発しないと遅れるけど大丈夫なのかなと思いながらも、バスケ部時代から仲が良かった子と登校していることを知っていたから、私はそのまま通りすぎた。

翌朝も隣の家の子は朝練らしいので、私は一人で学校へ向かった。今日も彼女が友達を待っていた。なんだか、とても不安そうな顔をしている。今にも目から涙がこぼれ落ちそうだった。私はまたそのまま通り過ぎようとしたが、知らない人ではないと思い直して、自転車を止めて「行かないの？」と久しぶりに話しかけた。すると彼女は「分からない……一緒に行く子が来ない。昨日もそうだった……」と、やはり今にも泣き出しそうな不安な顔でこちらを見た。私は、実は小学生の頃から彼女のことを羨ましいと思っていた。彼女みたいになりたいと思っていた。今の彼女の表情は私が憧れていた彼女とは似ても似つかなくて、初めて私は余裕を感じた。そろそろ自転車を走らせなければ、始業のチャイムに遅れてしまう。「じゃあ、一緒に行く？」と誘ってみた。彼女は「うん」と涙を無理やり目の奥にしまって、二人で自転車を走らせた。特に話すこともなく、信号待ちでお互いのクラスのことを簡単に触れる程度だった。学校に着くと、彼女は「ありがとう」と言って、私に感謝をした。彼女に感謝をされる時が来るとは思わなかったから、今でもその時に見せた、穏やかな彼女の表情が忘れられない。

帰りは部活が違ったので一緒に帰ることはなかった。明日はどうするんだろうと思った。放課後に聞きに行けば良かったと後悔しつつも、交換したラインで聞く勇気もなかった。このまま卒業するまで一緒に登校するのか？　そこまで仲良くないし、友達関係も違っているし、それより何より、彼女は陽キャで私は陰キャだ。

次の日の朝。自転車を走らせると、昨日と同じ場所に、昨日と同じ顔で、彼女は一人でいた。「今日も友達来ないの？」と聞くと、「うん……」と不安そうに下を向いた――。

昨日の夜のことだった。彼女と一緒に登校した話を母にすると、まるでそれを知っていたかのように、そうそうと相づちを打って母が話し始めた。それによると、どうやら彼女は部活内でハブられているらしい。しかも、そのいじめている子たちの中に、それまで一緒に登校していた子もいたのだ。どこからそんな話が回ってきたのかを聞くと、彼女の母に夕方のスーパーで会った時に聞いたのだそう。近所のほかの子の母も何人か居合わせていた中、「良かったらたまに声をかけてあげて」と涙を堪えながら話してくれたという。母は同情で顔を歪ませていた。

そのことを聞いていたから、私は何を話したらいいのだろうとしばらく沈黙していた。が、それを引き裂くように「私、いつも一人だし、これから一緒に行く?」と言った。これが、私が出した最初で最後の勇気だったかもしれない。その時の彼女の表情は覚えていない。というか、いきなり勇気という触れたことのない感情を出したものだから、恥ずかしさに押しつぶされそうで彼女の顔を見られなかった。見られなかったけど、「うん、行く」という声はちょっと震えていて、でも、とても柔らかくて優しくて、昔の彼女みたいで、私が憧れていた彼女で、ちょっと嬉しかった。恩に着せるつもりで言った言葉ではなかったが、人に優しくするというのは悪い気がしないものなんだ、と初めて知った。暑い日も寒い日も風の強い日も雨の日も雪の日も二人で登校した。大雨や雪の日は彼女のじいじが車で送ってくれたこともあった。中学3年間一緒のクラスになることはなかったが、いつしか私と彼女はとても仲が良いと周りが認知するようになった。部活内でのこともなくなったらしく、楽しそうな笑みを浮かべて、部活へ向かう彼女を何回も見た。彼女に伝えたいことがあるけど、会えないからと私に伝言を頼む人もいて、その逆もあった。登校の時や、たまたま部活の終わりが一緒の時に、その伝言を伝えたり、同級生の恋愛事情や先生たちの噂について話したり、テストで出そうな問題を予想したりした。彼女の友達とも仲良くなった。そうしていろんな人と喋るようになって、陰キャながら私はおしゃべりが好きになった。晩ご飯の時、母にその日彼女と話したことを喋りすぎて、母のことが大好きな弟がすねたこともあった。

母が私に教えてくれた。彼女の母がとても感謝していたということを。彼女は家でずっと泣いていたけど、今は笑うようになって、私のことを「親友なんだ」と話しているということを。嬉しかった。初めて親友ができた。休日に二人でショッピングセンターへ行って、パステルカラーの黄色と紫のリボンをお揃いで買って、中学校のカバンにつけた。これが親友の証だった。それからお揃いがいろいろ増えて、野外学習では3日間同じ服装をしていた。周りから「双子みたいだね」と言われるのは照れ臭かった。

小学生の頃、憧れていた彼女と友達になれたことよりも、大人の階段を一緒に上っていく、一緒に冒険ができる存在になれていたことの方が嬉しかった。

高校生になると、学校が違った上に、私は仕事を始めたので、全く会わなくなった。だが、彼女はしつこくメッセージを送ってきて、遊ぶ予定を立ててくれた。栄に繰り出して、服を買ったり、流行っているご飯を食べたり、彼女の家に行って映画を見たり、スイーツを作ったり、たくさんの思い出を記憶にも写真にも残した。その写真を見ながら当時を思い出して、東京での一人暮らしの寂しさを和らげている。

誕生日にはいつも手紙を書いてくれた。書いてあることは毎年同じようなことなのだが、私は歳を重ねるたび、涙の量が増える。中学の時に声をかけてくれたこと、いろんな冒険をしたこと、悩みがあればいつでも相談してということ、いろんなことがいつも書かれていて、最後に「おばあちゃんになっても一緒にどっか行こうね」と約束をしてくれる。私が素直になるのが下手な分、彼女はとても素直に気持ちを伝えてくれる。

ハタチを迎えた私たちは、いろんなところへ旅に行くようになった。いろんなところと言っても主に関東近郊なのだけど。東京の私の家に彼女はよく泊まりにも来る。シングルのベッドに二人で寝るのだが、普通に狭い。真っ暗の中、彼女は決まって小さな声で近況を隅々まで話してくる。ウトウトしながらも相槌を打つが、彼女の話が終わるより早く、彼女の声が遠のいていくのだが。私のより30分早く鳴る彼女のアラームに私が先に目覚めて、勝手に止める。次のアラームでだいたい彼女が起きるから勝手に止めてもいいと思っている。今のところ、怒られたことはない。そもそも喧嘩したこともない。優しすぎる彼女と喧嘩が苦手な私だからだと母は言う。旅に出ると、彼女が行きたいところにいつも行くのだが、なぜかお店は定休日や臨時休業に当たってしまうことが多い。もちろん、二人の空気がそんなことで濁ることはない。計画通りにならないのが計画通りだなと笑い合いながら、どこにでもあるファミレスに入り、ドリンクバーとパフェで乾杯する。

これが「気が置けない」ということなのだろうか。

B.L.T.'23年8月号('23年6月28日発売)掲載

オーケストラ

また一つ、バラバラになってしまう。今日が来てしまうと知ってからいろんな感情になった。最初は悲しかった。「でも終わるのはまだ先だ、1年もある」と自分に言い聞かせたりした。それから12カ月連続シングルリリースが敢行され、毎月新しい彼女たちを見ていたら、前向きな気持ちになっていった。でも、解散ライブの会場と日程が発表される。やっぱり寂しかった。もうちょっと先のことだと思っていたし、解散なんて嘘なんじゃないかと思い始めていたから。最後を見届けるべくたくさんの人が解散ライブのチケットに殺到し、私も必死で2枚のチケットをなんとか確保した。弟と一緒に最後を見届けようと約束していたので、チケットが取れた時は姉弟二人騒がしく喜んだ。解散ライブ当日まで彼女たちが出してきた音楽を順に追っていき、最後のベストアルバムを聴いている時、私は総武線に揺られていた。

どういう出会い方だったかは覚えていない。高校生の頃、弟が勧めてくれたか、YouTubeでたまたま流れてきたMVを見たか、どっちかのように思う。初めて聴いた歌は「オーケストラ」で、MVを見た気がする。その時は良い歌だな、素敵なMVだなとは思っても、雷のようなものが体に走るでもなく、目が離せなくなるといったわけでもなかった。ただ、次の日も同じMVを見ていた。だんだんと彼女たちの音楽が私に染み込んでいくような感覚があった。気付けば「オーケストラ」だけで終わらず、YouTubeが勧める彼女たちのMVを見続けていた。その中で「プロミスザスター」にハマった。登校中、自転車を漕ぎながら、クセになるサビを口ずさんだりしていた。特徴的なメンバーの名前も覚えて、〝推し〟もできた。いつしか毎日彼女たちの歌を聴くようになっていた。朝起きれば、ニュース番組が流れるリビングで彼女たちの歌を爆音で流した。「次はプロミスザスターね」と弟もノリノリで予約を入れてくる。母は朝から騒がしいという顔をしつつも、「いい歌ね、誰が歌っているの？」と興味を示した。

MVに留まらず、ライブ映像にも手を伸ばした。初めて見た時、生ではなく映像を見ているだけなのに、鳥肌が止まらなかった。圧巻だった。彼女たちのブレスはまるで命を削っているかのような音に聞こえ、その強い眼差しはファンを捕らえて離さず、それに全力で応えるファンもかっこよかった。私もその場にいたいと思った。当時名古屋に住んでいた私は、平日は学校、休日は仕事の毎日で、なかなかライブに行く予定を立てることもできなかった。それに反発するように、彼女たちのエネルギーをより欲するようになり、動画や音源を漁りまくった。「ｓｔｅｒｅｏ　ｆｕｔｕｒｅ」のライブ映像をＹｏｕＴｕｂｅで見た時、そこには私の知らない彼女たちがいて、まだまだ全然、彼女たちのことを知らないのだと思うと、早く彼女たちの音楽を生で聴きにライブへ行かなくては、と焦りを感じた。

時系列ははっきりしないが、彼女たちの音楽1曲1曲に思い出がある。「Ｎｏｔｈｉｎｇ.」に出会った頃、私は自分が何者になりたいのか分からなくて、ただ目の前のことに必死だった。必死の中、息継ぎをする間にとてつもない恐怖に襲われた。好きなことをしているのに満足できず、もっと上に行きたいがどうやって行ったらいいのか分からないし、誰を信じたらいいのか、どの未来に賭けたらいいのかなどと考えているうちに、下ばかりを向くようになっていた。この曲を初めて聴いた時、感情をどういう形にすればいいのか分からず、ただ泣き崩れたような気がする。それからおもむろに立ち上がり、「行ってきます」と母に言って仕事に向かった。もう一度、その歌をイヤホンで聴きながら。

仕事をするようになり、変に大人を知ってしまったからか、学校が面白くなかった。同い年が集まる教室はうるさくて、時間が過ぎるのが遅かった。保健室はその騒々しい音が遠くにあって、心地良かった。友達はいるけど、いつも孤独で、何に笑ったらいいのか分からなくて、毎日がつまらなくて、生きている意味を探していた。そんな時に「Ｉ　ａｍ　ｍｅ.」に出会った。この曲を聴くと、自転車のペダルを踏む足に力が入る。「つまらない」のレッテルは貼りすぎない方がいい。今を必死に生きること、それは考えていたよりも面白いことなのかもしれないと思うようになった。

応援してくれる人が増え、それと同時にありのままの自分を受け入れてもらえるのか、不安になった。一人歩きしていく肩書きがどんどん大きくなって他人のふりをした。でも、だんだんと作り物になっていく私を溶かしてくれたのが「ＨｉＤＥ　ｔｈｅ　ＢＬＵＥ」。素直な気持ちを伝えることのむずがゆさ、幸福感を教えてくれた。

「二人なら」を聴くと、彼女と二人ならどこまでも行ける気がした。この曲を贈りたくてイヤホンの片耳を外した。苦しいことを乗り越え、笑い合った彼女とこの曲を歌った。1年も経たない仲なのに、もうずいぶん一緒に旅をしてきたような感覚があった。でも、これから先も一緒に進むのか、それぞれの道を行くのか、私たちは迷っていた。迷った末に、私たちはそれぞれの道を行くことにした。「何回だって出逢ってゆけばいい」という歌詞を二人で信じてみたからだ。

独りよがりになっていた。〝望んでいない〟が加速して止まらなかった。「My distinction」は前から知っていた曲だったが、ある時不意に、初めてその歌が意味する感情が分かったような気がした。それで、私には自己肯定感が皆無だということに初めて気が付いた。理想とかけ離れている自分を鼻で笑ってしまった。

閉塞感のある日々が続いていた。「もう誰にも会えないのか……」とリビングの天井をずっと眺めていた。さすがに見飽きたのか、何とはなしにYouTubeを開くと、「LETTERS」のライブ映像がアップされていた。ファンと会えることとの喜び、ライブができることの喜びが彼女たち全員から溢れていて、こちらまでその喜びに包まれた。彼女たちの名前をライブ会場で叫べる日が早く来ることを切に願った。そして、幼なじみや旧ベスフレに会いたいと思った。

上京して、念願のライブに行けることになった。前日は興奮してなかなか眠れなかった。一度行ったことのある会場だったが、念入りに行き方を調べ、開演に間に合うように行くつもりだったが、開演どころか、開場の時間よりも前に到着していた。開演時間になりSEが止み、いざ本物の彼女たちが目の前に！　というところで私の記憶は終わっている。興奮しすぎて覚えていないのだ。ただ、思ったよりも彼女たちが近くに来て、「可愛すぎる……」と一言もらしたことだけは覚えている。

2回目のライブの方が記憶にある。初めての主演映画の撮影を終えてから向かったライブだった。そしてそこで解散ライブの会場と日程が発表された。大きな仕事を終えた開放感もあれば、解散へのカウントダウンが始まる緊張感もあって、変な感じの日だった。大体どのライブでも一人で行き、現地に友達がいるわけでもないので、ライブ前後は静かに過ごすのだが、開演前に隣の席の人に声を掛けられ、「誰推しですか？」や「ほかにどのグループが好きなんですか？」といったオタトークが初めてできて感動した。共通の好きなものについて話ができるのはこんなにも心がウキウキするのだと知った。特に印象に残っている歌がある。「FOR HiM」だ。この日のライブはオーケストラを従えていて、前に観たバンド編成でのライブとはまた違う音の迫力に圧倒された。オーケストラアレンジされた「FOR HiM」は世界で一番綺麗で、オーケストラの伴奏に負けない彼女たちの表現力に心を奪われた。ずっと見たかった世界が広がっていて、あと何回見られるのだろうと数えてしまった。

「ALL YOU NEED IS LOVE」は今の私に贈りたい曲だ。なかなか上手に自信が持てない私へ、名前が分からない感情に支配されている私へ、過去と未来に押し潰されそうな私へ。この歌が答えをくれるわけではないけれど、心が少し和らぐ。そして立ち上がって、勇気ある一歩を踏み出せる。

私は彼女たちの音楽に救われている。真っ暗な高校生活でも、孤独な上京生活でも、彼女たちの音楽が明るく温かく強くイヤホンから流れてきた。いや、心の中にはいつだって弱くて爆音で流れていた。彼女たちはかっこよくてかわいくて弱くて強い、私のヒーローだ。私の青春は、知らない感情を音楽で知ることだったのかもしれない。気付いたら、私のいろんな感情にはそれぞれの音楽がくっついていた。

総武線で水道橋駅に着くと、彼女たちのグッズを身にまとった人たちが大勢いた。約5万人を収容する東京ドームは入るまでに一苦労だった。狭い入り口を抜けると、とても広い会場が目に飛び込んできた。この日を噛み締めるべく、みんながみんな気合いの入った顔をしているように思えた。SEが流れていて、一緒に来た弟と「Green Dayだ！ 誰の選曲だろうね～」などと話しながら、今か今かと開演を待ちわびていた。やがてSEが小さくなり、会場が暗くなる。すると、たくさんのペンライトの光が浮かび上がった。私も持ってくれば良かったと後悔した。メンバーカラーの6色が入り混じった光の海はとても綺麗だった。その中で歌う彼女たちはやっぱりかっこよくてかわいくて、弱くて強くて。そして、それぞれの道に前進していこうとする姿はとても勇敢で、少しだけ寂しくなくなった。また会えるかどうかは分からないけれど、心の片隅に少しだけ期待を残しておきます。

ありがとうBiSH！ バイバイBiSH！

B.L.T.'23年9月号('23年7月28日発売)掲載

お弁当

最近は毎日、夏休みのような生活をしているのだが、学生の頃には思いもしなかった気持ちになっている。少し先のことが不安で、「このままでいいのか?」と自分を責めてしまう。答えは出ず、ただ無意識に出てくる言い訳に嫌気がさしていた。何かしなくては、という気持ちはある。だが、何をしたら正解に近付けるのか。頭の中でぐるぐる考えているうちに日が暮れてしまう。お風呂に十分すぎるほど浸かっても、時間を持て余してしまい、いつもより早く布団に寝転んでスマホを片手で操作する。SNSを開いて、人様のことに一瞬だけ興味を持つ。他人にあまり興味を持てないのは昔からで、つまらないと思いながら眠りについた。

鳥の鳴き声で目が覚めた。ディズニープリンセスにでもなったのかと思った。早くに寝たせいで、普段よりだいぶ早い朝の6時に起きた。小学生の頃、子ども会が開催していたラジオ体操に行くために6時起きしていたことを思い出した。目をこすって、何かにキレながら顔を洗っていた気がする。ハタチの私はというと、もったいないなぁと思った。もっと長く寝られるチャンスだったのにと思いながら、小学生の頃できなかった二度寝を試みるも、失敗。人生こんなもんかと何かにキレるのもめんどくさくて、ソファに深く腰かけた。鳥の鳴き声がする方はキラキラしていて、今日も猛暑になるんだろうなと当たってほしくない予測をしてみる。起きてすぐスマホを触りだす自分に呆れながらも、寝ている間に何かあったかSNSで確認する。特に何もない。分かっていても見てしまう。

乾いた喉を水で潤し、外用のジャージをクローゼットから引き出した。マグカップの水が空になり、洗面所で着替えた。最近買ったスニーカーを履いて、髪は寝癖がついたまま外に出た。特に用事がなければ一日中パジャマでいることなんていつものことなのに、朝から珍しくこんな行動をしている私に誰よりも私が驚いていた。

キラキラした世界は思ったよりもひんやりしていて、近所の人たちが散歩コースにしている道に向かった。普段の扱いが悪いせいで、メガネがすぐにずり落ちてくることに少しイラッとしていたが、まだ誰も吸っていない空気を吸っているような心地がクセになりそうだった。あまり人通りはなかったのに、散歩コースだけは賑やかだった。「おはようございます」と知らない人に挨拶され、咄嗟に同じように返す。久しぶりに知らない人と挨拶した。犬は好きなので、犬の散歩している様子を眺めながら歩くのは時間の経過を忘れさせてくれた。気付くと2駅ほど歩いていて、帰るのが一気にめんどくさくなった。太陽もだいぶ昇ってきて、ひんやりとした空気が奪われていく。危機感を感じ、早足で帰った。当たり前に行きよりも疲れていて、家に着く頃には後悔し始めていた。汗を背中や顔に滲ませながら風呂場に駆け込み、いつもより低い温度でシャワーを浴びる。サウナを愛している人たちの気分が少し分かった。

風呂場を出ると、窓の向こう側は陰影を濃くしていた。シャワーでひんやりした体は室温が上がっていくのを敏感に感じた。これは今季初冷房かなと、まだ掃除が済んでいないエアコンを見上げる。来週の予定にエアコン掃除を加えた。今日、特にやるべきことはないのに。

朝ご飯がまだなのを思い出し、冷蔵庫を開ける。特にワクワクするようなものは入っていなかった。昨日の残り物の鶏もも肉のソテーと冷凍ご飯をレンジで温め直す。それを待っている間に副菜を、と小松菜に手を伸ばした。火は通してあったので、鰹節と麺つゆをかけて、お浸しにした。ほうれん草の方が私的には美味しいけれど、「安かったのは小松菜だし」とケチな私がなだめる。まだちょっとぬるそうだったが、妥協をしてダイニングの椅子に座った。誰も来ない一人暮らしの家に、なんで二つも椅子があるのだろう。期待していた理想とは反対の場所にいる自分を虚しく思う。一人でも「いただきます」は忘れない。惨めな気分を少しでも忘れるためだ。やっぱりぬるかった鶏もも肉のソテーを頬張りながら、映画でも見るかなと考えたが、見たいものがあるわけでもない。積読してあった本を思い出したが、それも読む気になれなかった。

朝ご飯を乗せた皿を洗いながら暑いなと思う。手に当たる水道水が心地良い。涼しい場所を考えた。カフェは長居すると迷惑だし、都心に出て商業施設をウィンドウショッピングするといっても絶対何か買ってしまう。ケチな私がまた出てきて、図書館を提案してきた。寒くなるくらい冷えた図書館を想像したら、幸せな気分が覗いてきて、その気にさせた。昼ご飯は家でと思ったけれど、一番太陽が高い時に帰るなんて正気の沙汰じゃない。それを未然に防ぐため、図書館近くで何か食べようと思ったが、外食をする余裕なんてあるのかとケチな私がまたしても突っ込んできて、前にファンの方から頂いた弁当箱の所在地を思い出させた。新品同様の弁当箱を一度水洗いして、水滴を拭き取った。さて、何から取り掛かろうか。いつの間にか、私は図書館にお弁当を持参するつもりになっていた。とりあえず冷凍ご飯をレンジに入れる。何か主菜になるものはと冷凍庫の奥の方に手を伸ばすと、ブリの切り身があったので流水解凍を始める。冷凍ご飯がほかほかになって帰ってきて、冷ましながら弁当箱の左側に詰めた。それから、外側が若干柔らかくなったブリを、油を引いて熱したフライパンに乗せた。両面焼いて、照り焼きにしたい私は酒、醤油、砂糖を入れる。「自分で食べるんだから目分量でいいや。たぶんこれくらいが大さじ1！」とか言いながら、ブリに味をつけていく。中まで火が通っただろうと予測したところで、最後にみりんを少し入れて照りを出す。母はそうやって私の大好物のブリの照り焼きを作ってくれていた気がする。火を止めて、少し冷ましている間に副菜をどうするか考えた。副菜にはいつも悩まされる。結局、彩りに冷凍のブロッコリーを解凍して、余っていた小松菜でナムルを作った。朝に食べた小松菜のお浸しよりも小松菜のナムルは美味しかった。粗熱がとれたであろう照り焼きになったブリを弁当箱の右上に詰めて、下の方に彩りのブロッコリーと小松菜のナムルを詰めた。彩り要員のブロッコリーだったが、予想よりも力を発揮してくれなかった。消費期限を翌日には迎えそうなミニトマトをブロッコリーの横に添え、なんとか弁当の体裁を保つことができた。やっとのことでできた弁当は質素に見えたが、私は満足だった。蓋をして、保冷剤を入れたランチバッグに、重くなったお弁当箱と箸を入れ、チャックを閉めた。

母が毎朝、ランチバックに入ったお弁当を私に渡してくれていた日々を思い出した。私が住んでいた名古屋市では、中学校からお弁当だった。高校でもお弁当で、私だけでも6年間、弟を含めるとまだ現役でお弁当作りをしてくれている。いつも私たちが起きるずっと前から、日が昇っていない暗い台所で、電気を一つだけつけて。お弁当にはいつも私の好きなものが一つ入っていて、お昼の私を笑顔にさせてくれた。卵焼きは甘じょっぱくて特に大好きだった。学校が嫌で泣きながら行っていた時は毎日卵焼きを入れてくれた。保育園の頃は遠足の時だけお弁当で、いつもアンパンマンのキャラ弁を作ってくれた。それが何よりも自慢で友達にたくさん見せた。アンパンマンの横には必ずミートボールがあって、それも私のお気に入りだった。小学生の頃の運動会ではアンパンマンを卒業して、いろんなキャラ弁を作ってくれた。私のお気に入りのクマのキャラクターの時は本当に嬉しくて、そのキャラクターの茶色の部分がうなぎのタレなのも嬉しかった。中学生になると、毎日お弁当で飽きる日もあったが、残さずに食べた。学校に上手く馴染めなかった高校生の時は一人で泣きながら食べたり、早退して家で食べたりすることもあった。体型を気にしたり、心が不安定だったりして、食べ物が喉を通らないことが増え、いつしかお弁当を残してしまうようになっていた。それを怒らない母はとても寛容な人だと感じた。でも、どこか悲しそうだった。

高校最後の昼休みに旧ベスフレと授業プリントをちぎって、母への感謝を記した紙を、お弁当箱を固定するバンドに挟んでおいた。それが入ったランチバッグを渡すのは照れ臭く、大袈裟に「今日のお弁当、美味しかった!」と言って、自分の部屋で反応を待った。が、待ち切れずに様子をうかがいに台所に向かうと、「こちらこそ、いつも綺麗に食べてくれてありがとうね」と母は言って、夕食の準備を始めた。なぜか寂しくなって、涙がこぼれそうで、また自分の部屋に戻った。弟も高校卒業時に同じことをしてくれたと、母から喜びのメールが届いたのは新しい記憶だ。

ランチバッグに入れたばかりのお弁当箱を私はもう一度取り出し、蓋を開けて、写真を撮った。それを母に送り、具材を詰める作業が難しかったことと、お弁当を毎日作ってくれたことへの感謝を改めて伝えた。帰ってきた言葉は「食べる人がフタを開けた時の笑顔を想像して作ってます(でっかいニコちゃんマーク)」。

B.L.T.'23年10月号('23年8月28日発売)掲載

今日も陽が昇る

ラジオの収録を終えて深夜に家へ帰ったのに、陽が昇る頃には家を出た。

キャリーケースがコンクリートにゴツゴツ転がっていく音と感触が旅の始まりを飾る。仕事以外で空港へ向かうのは初めてだ。電車の時間を念入りに調べたとはいえ、搭乗時間にちゃんと間に合うだろうかと緊張していたが、仮眠程度にしか寝ていなかったので、始発の電車の中でうとうとしてしまった。仕事で何度も飛行機に乗っているおかげで空港に着いてからは安心だ。チェックインは難なくこなせた。老若男女を乗せた満席の飛行機は北へ方角を定め、飛んだ。

北海道の新千歳空港に降り立つのは2度目。1度目は写真集の撮影で訪れた。今まで訪れた空港の中でいちばん好きだ。たくさんのお店があって、テーマパークみたいで楽しいから。現地で待ち合わせをしていた友人はまだ機内らしい。預けた荷物を受け取って、空港内のコンビニで朝ごはんを買った。待ち合わせ場所で北海道限定のそばメシを食べながら待った。なんでそばメシが北海道限定で売られているのだろうと考えていたら、「あいかちゃーん！」と早朝とは思えない飛び跳ねた声をフロアに響かせながら、友人が走って来た。私より10歳も年上なのだが、無邪気さも私より10数段上だ。人を誘うことがない私が今回誘ってきたというのも手伝って、友人はもうすでにワクワクしている。私もこれから起こることに期待せずにはいられなかった。札幌のホテルにチェックイン後、友人が運転する車を2時間ほど走らせて、ラベンダー畑を見に行ったのだが、旬を過ぎてしまったのか、刈り取られていて殺風景だった。

翌日。今日からが本番だ。札幌からシャトルバスに40分程揺られると、会場に到着した。乗客みんなが早く降りたいとばかりに出口を見ながらソワソワしていた。バスを降り、少し歩いていくと、「RISING SUN ROCK FESTIVAL 2023 in EZO」と掲げられた入場門があった。ようやく念願だった場所へ踏み込める。早足になるのを抑えながら門をくぐった。開催される2日間通しで参加することを示す赤いリストバンドをつけ、ステージの方へ足を進めたが、まずは腹ごしらえということで、友人はレストランブースに一目散にビールを買いに行き、私は北海道名物のザンギを買いに行った。

ライブステージは5つあってどこへ行くにも遠い。北の大地の広さを感じた。最初は同じアーティストを観ることになった。今年のオープニングを飾るそのバンドは、私にいつもたくさんの勇気をくれて、「私はここにいてもいいんだ」と、自分の存在を自分で認めることができる場所だった。なのに私はライブの途中で抜け、この日着ていたバンTのバンドをリハから聴きたいと思い、別のステージへ向かった。今まで大音量で聴いていた音楽がどんどん遠くなっていくのが少し寂しく、自分が二人いたらいいのにと思った。ステージに近付くと微かに彼女たちの音が聞こえた。もうリハが始まっていたのかと早足になる。ふと気付けば、一緒に移動してきた友人をどこかで置いてきてしまったみたいだ。ここのステージは唯一の屋根付きステージで日陰がありがたい。北海道は東京よりも暑くないし、風が湿気を含んでおらず心地良いのだが、さすがに直射日光はジリジリ肌を刺激してくる。リハが終わり、彼女たちのいつもの出囃子が流れ、ライブが始まった。夏が似合う彼女たちの曲が本当に大好きだ。最後の曲が終わり、彼女たちが帰っていく。彼女たちの歌のように、今年こそ新しい出会いにトキメキたい！

次に観る予定のアーティストまではまだ時間があったが、出演するステージへ向かうことにした。最初に行ったステージまで戻るのだが、暑さとゴツゴツした地面が体力を奪っていく。昔は運動部で毎日走っていたので、地味に体力には自信があったのにどこへ行ってしまったんだか。ステージに着いた時にはヘトヘトで、帽子の中は蒸し器のようになっていた。ステージでは誰かがライブ中だったが、まずは休ませてくれと後ろの方の陰があるところに腰掛ける。周りの人たちがキャンプ椅子を持ってきていて、私も実家から持ってくれば良かったと後悔。「こういう時、魔法が使えたらいいのに」と、今もまだ本気で考えている。タイムテーブルでライブをしている人の名前を確認したが、存じ上げず、ただ耳に入ってくる音を楽しんだ。家族のことを歌っている曲があって、それがすごく印象に残った。音楽に詳しい人にメールしてみると、色々教えてくれて、その気に入った曲はデビュー曲だそうだ。今ではそのアーティストの曲が聴きたくなる瞬間が時々あって、その度に新しい音楽との出会いをくれるフェスの良さを実感する。お目当てのバンドまであと30分くらいになり、大勢の人の間をかき分け、ずるずると前の方に行くと、155センチの私でもステージがよく見える上手側に留まることができた。リハはなく、突然ステージに彼らが出てくると、観客がメンバーの名前を叫び出し、会場の熱が一気に上がった。アナーキーな彼らの音楽は観客をさらに煽る。ボーカルが上手側に来て、私の目の前で歌う。彼といえばの白シャツがやっぱりかっこいい。見惚れてしまう。これから何度も上書きされるであろう記憶をここで止めてしまっても後悔はないと思った。

このフェスは始まりが遅いこともあって、次に観たアーティストのライブでは太陽はもう沈みかけていた。一番大きなステージなので少し遠いところから、出店のラーメンをすすりながら聴いていた。会場は相当盛り上がっているようだった。夜になって、気温が下がり、日中にかいた大量の汗を吸って湿っぽいバンTが、北海道の夜の冷気を余計に感じさせる。そんな中で食べた塩味の効いたラーメンはとても美味しかった。それから、友人と合流し、お互い観たかったバンドのライブへ。冬にばかり聴いていたそのバンドは夏の夜にも合っていて、また新しい発見をした。このまま観続けていたかったが、同時刻に別のステージに立つバンドも観たかったので、一人抜け出した。ハタチの誕生日に仕事でお世話になっている人からそのバンドのレコードをいただき、それ以来よく聴くようになり、いつか会いたいと思っていた。ステージに着いた頃にはもう始まっていて、大勢の観客で彼らの姿は見えなかった。それでも音楽は鮮明に聴こえて、それは間違いなく彼らの演奏と歌で、姿は見えなくても「向こうには彼らがいるんだ」とご褒美をお預けされているような気分だった。

友人も私も今日一日の予定を達成できて、満足に帰路に就いた。宿に着くなり、二人とも無言でお風呂に入り、足に休息シートを満遍なく貼って、明日に備えた。念願の今日を迎えられたこと、友人が一緒に楽しんでくれたことをウトウトしながら嬉しく思った。なのに、幸せを感じている時に悲しい終わりを考えてしまう私の悪い癖が邪魔をする。疲れ切った身体を布団に投げ出し、まるでそこに沈み込んでいくような感覚とともに眠りに落ちた。

先程も話した通り、お昼から始まるフェスなので朝はゆっくりできる。それなのに、楽しみすぎるからなのか、普段の生活が早起きだからなのか、設定した目覚ましの時刻よりも前に起きてしまった。休息シートのおかげか足の疲れが少し和らいだ気がする。カーテンを開けると快晴で、新調したレインコートは不要そうだ。窓から差し込む光で目を覚ましたのか、友人がゴソゴソと動き出した。起こしてしまったと思い、カーテンを半分閉め直してから、朝の準備を始めた。いつもなら音楽かラジオを大きな音で流すのだが、友人がまだ寝ているのでやめておいた。他人と一緒に住むのはもう少し先でいいと思った。

会場まで昨日と同じ道のりを辿る。バスの中は同じ赤のリストバンドをつけている人ばかりで、無駄に仲間意識を感じる。この日、最初に観たアーティストは友人の世代に流行ったらしく、私は2曲程しか知らなかったが、盛り上げ上手で、一気にテンションが上がった。友人は懐メロメドレーの懐かしさに声を上げていた。その場にいる全員が知っている有名な曲は、私が生まれた年に発表されたらしく、私と同い年という事実に、友人はサングラスにも隠しきれない驚きをこちらに向けていた。その後、生きているうちに会えるとは思っていなかったアーティストのところへ行った。1曲目から代表曲をやってくれて、観客は皆興奮し、身体を揺らした。今までに味わったことのない一体感にその場が支配され、歴史的な瞬間に立ち会った気分だった。高校生の頃、弟と踊り狂った曲を演奏するアーティストのステージでは前から4列目くらいのところで昔のように踊り狂った。私ってこんなに体力あるっけ?　と昨日の私を疑った。そしていよいよ次は「このために北海道へ来た!」と言っていいアーティストだ。リハが始まる頃にステージに行くと、もうすでに人で埋め尽くされていて、人気の高さを改めて知った。活動休止からの再開後、初となるフェスに立ち会えたことが嬉しい。しかも北海道はボーカルの出身地だ。ステージに彼女が出てくると、観客はリハなのに本番さながらの声量で彼女の名前を呼んでいた。私は呼ぶ勇気なんてなかった。どうせかき消されて届くはずがないと諦めているから。「よろしくどうぞ」の一言から本番が始まった。活動休止を経て、彼女たちの音楽がまた私たちの元へ帰ってきてくれた。その喜びが会場全体を満たしているように思えた。変わらないところも、変わったところも、愛おしい。また彼女たちの音楽が進化していくのが楽しみだ。

　時間はあっという間で、その中にはいつも後悔が混じっているような気がする。この二日間は確かに有意義な時間を過ごせた。だが、ここで締めくくるわけにはいかなかった。まだ夜が明けていない。フェスの名に〝RISING SUN〟とあるからには、その日一番フレッシュな太陽を見届けなくてはいけない。

　夜通し、いろんなアーティストの音楽を聴いた。だんだん空が白んでくる。私はこの空の色を何度もつらい思いで見てきた。私にとってその色は絶望だった。眠れなくて、不安で、いつも夜通し音楽を聴いていた。家族を起こさないように最小の音量で。眠れなくても朝はやって来る。絶望の空に潰されないように音楽で自分を守ってきた。そして今夜も、ステージに立つ〝彼ら〟が不安な夜を越えるための歌を歌ってくれていた。あの頃と同じ空の色。あの頃と変わらない絶望の下で、今も彼らが歌ってくれている。

　どんどん明るくなっていく空は私の心模様と似ていて、少し雲が多かった。彼らが希望のうちに空を明るくしてくれたなら、自分で雲を吹き飛ばさなきゃいけない。その勇気をもらったから、なんだかできそうな気がする。周りを見渡すと、みんな疲れ切った顔に笑みを含ませながら夜明けの空を見上げていた。なんとなく、ここにいる人たちは本当に音楽が好きなんだなと思った。私はこの空に「来年またこの場所で」と約束した。

大トリを務めたバンドのボーカルが言った「独りを選択するなよ」という言葉と彼らの音楽は、東京に帰ってきた私の心の中で、まだ響き続けている。

B.L.T.'23年11月号('23年9月28日発売)掲載

旅の途中で

10代の頃に見ていた景色は、全てにモヤがかかっていて、見通しの悪い景色にイライラして諦めることがクセになっていた。嘘も本当も一緒くたにしてしまうと、本当も嘘だと思え、受け取るのが楽になる。本当を受け取るには隙間と体力が必要なのだ。そういう〝めんどくさい〟を極力避けてきた。世界を生きていくための色々が私には足りていなかったから。補おうとも思わなかった。それがいつか仇になると分かっていながらも。

仙台にライブを観に来た。そのバンドは4カ月に渡り全国ツアーをしていて、東京でも観られるのだが、ハタチになったから遠征してみようと思った。初めて訪れる街に自然と顔が上を向く。湿気はあれど、東京よりも空がよく見えて清々しい。仙台に住んでいたことのある知人に勧められた牛タン屋を訪れると、どこにでもありそうな飾らない定食屋といった感じなのだが、かなり繁盛していた。〝映え〟だけが物差しではない。食器が重なる音や肉が焼けている音、店員さんが忙しなく動く音にテレビの音はかき消されていたが、老女が死ぬ時に着たい服を作るという特集が流れていた。頼んだ牛タン定食が届き、テレビを見ながら食べ始める。あまりの美味しさに気になる特集から目を離して、気付けば普段食べている量の2倍以上ある大盛りご飯を完食していた。それから、ホテルにチェックインして部屋に入った。最低限のものしかない部屋で、東京の私の部屋もこのくらいスッキリしていればいいのにと思った。外に出た服でベッドに潜り込んでも別に気にするタイプではないので、遠慮なくベッドに飛び込む。満腹の状態で眠りの体勢に入るのは至福だ。数分同じ体勢でいると、ウトウトと眠気がやってきたが、せっかく仙台まで来たのだからと眠気を振り払い、重たいお腹に力を入れて起き上がった。少し崩れた化粧を直し、仙台駅周辺を歩いた。地元の名古屋の雰囲気に似ていると噂に聞いていたが、確かに、なんとなくそんな気がした。道路が広かったり、商店街があったり、緑があったり、何より時間の流れ方が似ていた。穏やかだが、少し活発で、どこか懐かしさもある、身体に染み込んだ流れ方だった。

ライブ会場までは仙台駅から地下鉄で10分程度のところにあるらしい。電車に乗り、選び放題の席に座った。ゆらゆらと揺られ、止まる駅ごとに人が増えてきた。もしかしたら電車に乗ってきた人たちもライブ会場まで行くのかもしれないとソワソワ、ワクワクする。無駄な仲間意識が芽生えた。最寄りの駅が終点らしく、みんな降りた。よく見てみると、そのバンドのTシャツをほとんどの人が着ていた。無駄な仲間意識は的外れではなかったみたいだ。

ライブ会場は既に開場していて、私の整理番号も呼ばれた後だった。スタンディング公演のため整理番号の早い順に、ステージ最前の場所から人で埋まっていく。仙台観光をのんびり楽しみすぎたせいで出遅れたが、それはそれで悪くない時間だったので後悔しきれなかった。グッズ売り場でツアーTシャツを買った。いつもデザインが可愛くて、今回もお気に入りのTシャツになるのは間違いない。大概の人がバンドのTシャツを着ていたが、前回、前々回のツアーのものが多い。なぜ今回のツアーTシャツを着ないのだろう。黒い心の持ち主である私は、自分の存在を珍しがられたい一種のマウントなのではと思った。出囃子が鳴り、メンバーがステージに現れると歓声が上がった。コロナ禍になってからライブに行くようになった私には、その〝歓声〟がまだ慣れない。だが好きな人たちの名前を叫ぶのは爽快感があることを最近知った。

メンバーが楽器を持ち、音を鳴らす。最後の確認を終えたのか、ボーカルの一言があって、知っているメロディーを奏で始めた。ウズウズした熱い温度の何かが爆発しそうになる。だが爆発はしない。したくても私の狭い心が邪魔をしてできないのだ。私の身長は155センチで、前は壁のような人ばかりだ。アーティストは当たり前に見えない。壁のような人たちが刻むリズムがだんだんと鬱陶しく感じられてくる。ダイレクトに音楽が聴けるだけで幸せなことだが、楽器に感情を乗せるメンバーの姿もやはり見たいと思ってしまう。背伸びをすればメンバーの一部だけは見えたりするものの、背伸びをし続けるほどの足の筋肉は持ち合わせていなかった。もとを正せば、もっと早く会場に行って前方を確保する努力を私がしなければならなかったのだ。壁のような人たちが刻むリズムに機嫌を左右されている自分が嫌だった。視界を遮らない天井を見上げると、照明が美しく輝いていた。曲の雰囲気に合わせて、色や形、動き方が繊細に変わっていく。プロの技は素晴らしいと思った。ぼーっとそれを見ているうちに、頭の中でぐるぐる回っていた嫌なものがするりと抜けた感覚がした。自然と音楽が聴こえてくる。息詰まった時に上を向くと、頭がリセットされて、一息つけると聞いたことがあったが、これもそういうことなのだろうか。

ボーカルのパフォーマンスが進化していることに感動を覚

えた。それと同時に自分の成長のなさを感じた。なぜそこそこを比べてしまうのか、分からない。ハタチになって、見ている景色が変わったと確信しかけていたが、実際は現実の自分の立場をよく思い知った、だけなのかもしれない。ライブ開始前にこの連載原稿の直しのメールをいただいていた。そんなことはよくあることなのに、一度開いて見てしまうと早く直したくてしょうがなかった。そして、早く提出して身軽になりたいという考えがずっと頭の片隅にあった。音楽に耳を傾けようとするが、次第に仕事のことが頭の中を埋めていく。次の連載は何を書こう。家族のことはもうたくさん書いたし、音楽のこともたくさん書いた。そろそろ新しい話題を見つけたかった。日常を振り返ってみるが、だらだらと家で興味のない映画を見続けている私が浮かんでくるくらい。文章にするとアホくさいことばかりの日常だ。〝沢口愛華〟という人間はチヤホヤされて、将来も明るそうだ。でも肝心な中身の私は薄っぺらくて、あのボーカルのようには、ありのままを歌にできないでいた。

行きと逆方向の電車の席に余白はなく、地下鉄で何も見えないのに扉の窓を覗きながら立っていた。途中、ライブで気になった歌のことを思い出した。でも、それを調べるためにイヤホンを接続し、スマホを起動させるのさえ、めんどくさかった。

いつも自分が選択する道で過ちばかり繰り返す。知っている過ちを自ら犯しにいっている。いつまで同じことを繰り返すのだろう。見て見ぬふりをするのも、もう疲れてきたではないか。でも、変わることは怖い。今、受けていてもある程度の評価に満足しかけているし。私が変わらなくても周りが変わっていくかもしれない。昔の方が可愛かった、賢かった、良い文章を書いていた、なんてことをこの先、言われるんじゃないかと恐れている。ずっと変わらぬ〝好き〟や〝愛〟を持ってもらえる自信なんてない。〝次の私〟は誰かに認めてもらえるのだろうか、愛してもらえるのだろうか。そんなことに何度となく考えを巡らせてきた頭に、ハタチを理由に自分が変わってみてもいいんじゃないかという勇気を組み込むと、エラーが起きそうな気がする。

カバンの奥底に絡まっていたイヤホンをスマホに繋げた。スマホの充電は底をつきそうだが、1、2曲は聴けるだろうと耳にイヤホンを突っ込んだ。あの曲は「人」という曲だった。

この先ずっとトライアンドエラーを繰り返すだけの人生かもしれない。でもそれが面白いと思えたら私の勝ちではないのか。過去の私に勝つ、唯一の方法かもしれない。思考はいつも不安な方へ行ってしまうし、母も目を逸らすくらい不器用だし、良い人ぶっちゃうし、愛を受け取るのも渡すのも下手くそだし、優しさから逃げてしまう私の本心に気付かなきゃいけないのは、友人でも母でもなく、私だ。

自分の本心は絡まったイヤホンのように解けにくい。解くのに時間がかかりそうだが、次は目を逸らさずにピントを合わせたい。いつか点と点は線になるのだと私に見せたい。生きていればいつかきっと、いいことがあるらしい。めんどくさいを少しがんばってみようと思う。私のエッセイらしくない答えを出してしまったか。でもこれが私の本心なのだと思う。グッナイ。

B.L.T.'23年12月号('23年10月27日発売)掲載

マイベストブラザー！

私には二つ下の弟がいる。11月は弟の誕生月だ。私が早生まれなので、弟は誕生日を迎えると、私と一つ差の19歳になる。ほぼ同世代なのに「もう19歳か、早いものだな」と親のような気持ちを抱いてしまうから不思議だ。誕生日ケーキを頬張る弟の姿というのは何歳になっても可愛いもので、私の分のケーキをいつも半分あげたくなる。しかし私よりも弟は優しいので、誕生日の子しか食べられないネームプレートをパキッとフォークで折って、チョコレートが好きな私に大きい方をくれる。去年は、私が上京してしまったため、弟の誕生日を祝う様子が動画で送られてきた。両親にハッピーバースデーの歌を歌ってもらい、照れてしまってケーキのろうそくを上手く消せない弟がなんとも愛おしく、何度もその動画を見返してしまった。

「なぜそんなに姉弟仲が良いのか」と、若干引いたような口調でよく聞かれる。異性の弟に対する愛情が異常と思われているらしい。確かに愛おしすぎて全てを肯定したくなるほどだ。いつからこんなに仲良くなったのだろう。小さい頃はケンカばかりしていたし、何より弟が羨ましかった。とても綺麗な顔をしていて、何度も子役のスカウトをされていた。隣にいる私なんて気にされもしなかったのに。写真館でした七五三の撮影では弟の写真だけが広告に使われた。従兄弟はみんな女の子で待望の男の子だったから、伯父は弟を可愛がり、私にはなかった誕生日プレゼントを贈っていた。愛嬌まで持ち合わせていたから、可愛がりがいのある男の子だった。

弟は私を慕ってくれていた。私がしている遊びにすぐ入ってきて、私の真似事をする。それが鬱陶しくて、私がケンカを吹っかけることが多かった。母はそんな私を叱ったが、私はうしろめたさを感じなかった。母は弟が可愛いから私だけを叱るのだと思っていたから。父を味方につけようと、自分が失敗したことを弟になすりつけて、父に弟が叱られるように仕向けたこともあったが、何だか心地が悪くてすぐにやめた。

末っ子だからか、甘えるのがすごく上手だった。仮面ライダーのベルトをいくつも買ってもらっていた。誕生日でもクリスマスでもないのに買ってもらえる弟の部屋は、弟の好きなものでいっぱいだったし、太陽が十分に当たる南向きの部屋だったことも羨ましかった。私の部屋はというと北向きでエアコンもないから、冬はとても寒かった。父が言うには北向きの部屋を望んだのは私自身らしい。それが本当ならば、弟は運もいいのか。妬みが募った。

小学生の頃は集団登校で、必ず弟と一緒に学校へ行かなきゃいけなかった。私がどんなに邪険に扱おうと、弟はいつも私のそばにいて、途中で必ず会う近所のおばさんは、弟だけに微笑ましい顔を向けるので、少し嫌だった。学校終わりに私が同級生と遊んでいて、弟がやってくると、私の友達からもちやほやされ、弟がやりたがった〝遊具鬼〟という大きな遊具の中だけでする鬼ごっこをする羽目に。それはそれで楽しかったけれど、本当は同級生と〝ぽこぺん〟がやりたかった私の心の中には、弟への妬みに加え、恨みも募り始めた。

気付けばケンカばかりするようになり、弟は学校などで覚えてくる悪口を使うようになった。「バカ」「ブス」「デブ」と罵ってくるので、私も「チビ」「クズ」「泣き虫」と応戦する終わりのない悪口大会に、その都度、母は痺れを切らし、特大の雷を落とした。

家の前の公園で私が同級生の男子と遊んでいると、案の定見つけてやってきて、また弟のやりたい遊びをすることになった。それはもう慣れた事だからいいが、弟が同級生の男子に、私が家でぬいぐるみに名前をつけて、可愛がっていることを教えていたのだけは許せなかった。学校でそれが広まることがとても恥ずかしく、恐ろしかった。私は二人を無視して家に帰り、大泣きした。事情を聞いた母は家に帰ってきた弟を叱った。弟は反省していたが、到底許せなかった。そんな風にして、どんどん仲は悪くなり、私が中学校に上がる頃には、近所のおばさんに「最近一緒にいるところを見なくて寂しい」と言われるようになった。そこからどう仲良くなったかというと、不二家のネクターがきっかけだった。

中学生の頃、父の会社の同僚の人がハムスターを飼っていて、赤ちゃんを何匹か産んだらしく、そのうちの一匹を譲ってくれるかもしれないと父に言われたことがあった。私は飛び跳ねて喜んだ。昔から生き物を飼ってみたいと思っていたが、犬も猫も共働きの両親から却下されていたのだ。だから念願の生き物を飼えることがとても嬉しかった。今すぐにでも同僚の人に電話でありがとうと伝えたかったのだが、母がなかなか首を縦に振ってくれなかった。私は泣きじゃくりながらも、ここで引くまいと懇願した。母は頑なに駄目と言い続けるので、私はひどい言葉を母に投げつけ、自室に閉じこもった。ひとりで泣くのも飽きてきた頃、扉がコンコンと鳴った。母が何か言いに来たのかと緊張したが、扉は開かず、床に何か置かれた音がした。「今、自販機で買ってきたから冷たいよ」と、母ではなく弟の声がした。隣の部屋でメソメソ泣いている私の声を聞き、気を使ってくれたのだろうか。戻っていく弟の足音を聞いてから、静かに扉を開けると、床に不二家のネクターが置かれていた。缶には水滴ができ始めていた。

こんなことは初めてだった。弟の優しさに気付かされる一方で、まるで桃が桃のジュースを好きと言ったことは一度もない上に、私が桃アレルギーの母へあてつけたようになっているのがおかしくて、笑ってしまったのを覚えている。それから数年経ち、お互い高校生になった時、その時のことを弟と母と振り返ったことがあった。「あれがあったから、また話せるようになったんだよね」と私が言うと、弟は「オレも実はハムスターを飼いたかったんだよね」と照れ隠しなのか、ネクターの真意をそう打ち明け、母は「ハムスターは室温管理が大変ってネットで見て、共働きの私たちにはちょっと難しいと思って、頭ごなしに駄目って言っちゃったんだよね」と、飼えない理由がちゃんとあったことを教えてくれた。飼えない理由以前に、母が飼うことを考えて調べてくれていたことに驚いたし、そんなことも知らずに駄々をこねていたのが申し訳なかった。

家族内に不和が生じ、ケンカが絶えない時期があった。慣れてしまえば目を瞑って眠ることはできたが、毎回それがうまくいくわけではなかった。弟も同じだったようで、一緒の布団に入り、手を繋いで、なるべく小さな声で楽しい話をした。いくら家族内に不和があろうとも、その時だけは弟の体温が救いだった。弟の寝息が、私の呼吸を落ち着かせた。繋いだ手は眠っていても力強く握られていた。孤独は感じなかった。弟が泣いている時は泣き止むまでそばにいた。震えながら泣く弟を「私が守る」と何度も誰かに誓った。

弟はいつも「勉強も人間性もお姉が優っていて羨ましい」と言ってくれる。図工で作った作品が市のコンクールに入選したり、空手で黒帯を取るまで強くなったり、ギターをマスターしたり、音楽や映画のセンスが良かったり、そんな弟を私こそ羨ましく思っているのに、弟は誰よりも私のことを認めてくれる。それが実は私の強さの根源になっている。

楽しい思い出がいつの間にか増えていった。両親が仕事で家を留守にしている間、音楽を爆音で流して踊ったり、映画を観たり、パスタを大量に茹でて、何種類ものソースをかけて、お腹いっぱいに食べたりした。私のお金を頼りに、母に内緒でマックでお昼ご飯を食べたこともあった。一緒に遊びに行って、服を選んであげたこともあった。今、振り返ると、一番の敵だと思っていた弟は、どんな時も共に歩んできた戦友だったし、最初から一番の味方だった。

今年の誕生日プレゼントは何がいいかなと探していて、靴はどうだろうと思い、母にそのことを話すと、どうやら弟は私と一緒のスニーカーを欲しがっていたそうだ。そのスニーカーを弟に紹介した覚えはないが、同じ型、同じ色のものが欲しいらしい。可愛いやつだ。口角が上がってしまう。弟に頼られると120％で応えたくなる。

母によく似た穏やかで温かい性格は今でも羨ましいが、それ以上に、弟を愛おしく想う。だって私は弟のお姉ちゃんだから。「お姉」と私のことを呼んでくれる弟が大好きだ。弟のお姉ちゃんになれて良かったし、弟が私の弟になってくれて本当に嬉しい。今年も、お誕生日おめでとう。

B.L.T.'24年1月号（'23年11月28日発売）掲載

味仙

名古屋市立富田高等学校

女子便所

Happy Halloween

コーミ
こいくち
ソース

Coca-Cola

KIRIN

ドミノ

イルミネーション

高校で出会った友人、旧ベスフレとなぜかイルミネーションを見に、はるばる長崎のハウステンボスまで来た。旧ベスフレはクリスマスが大好きで、ハロウィンが来る前からクリスマスを楽しみにしている。毎日交わすＬＩＮＥのやり取りの節々にもクリスマスを匂わせていた。特にクリスマスシーズンのイルミネーションが好きなようで、名古屋駅にある色鮮やかなツリーを撮って、毎年私に送ってくる。高校生の頃は受け流していたが、上京した今では私も表参道や赤坂、銀座などでイルミネーションを見かけては、写真を撮って旧ベスフレに送りつけるようになった。彼女と違って、私にはイルミネーションがただの電飾くらいにしか見えていないが、その電飾もこうして伝える誰かがいると意味があるように思えてくる。

長崎のハウステンボスに行きたいと言ったのは旧ベスフレだ。最初は冗談程度に受け取っていたが、何度も飽きずに同じテンションでハウステンボスの話をするので、私もどんどん興味が湧いてきてしまって、その誘いに乗ってしまった。

だが、ずっと懸念があった。旧ベスフレはそれに気付いているのか聞きたいところだったが、あの浮かれ具合を前にしては聞けるわけがなかった。その懸念というのはほかでもない。クリスマスにイルミネーションと来たら、デートコース一択でしかない場所だということだ。その中に女子二人で突っ込むなんて度胸、私にはない。独り身歴だけが積もっていく私たちはカップルの存在に敏感なのだ。と言いつつも、ハウステンボスのホームページを見れば見るほど、私も旧ベスフレと同じくらいワクワクしていた。

ハウステンボス以外に福岡観光もこの小旅行に組み込んでいたので、長崎空港ではなく、福岡空港に降り立った。旧ベスフレと合流して、ハウステンボスまでの高速バスの乗り場を探した。初めての場所で国内線のターミナルを行ったり来たり、隅々まで探しても乗り場は見つからなかった。だんだんとイライラしてくる。ところが、なぜか私たちは笑いが止まらなくなってしまう。そうやって、お互い気を悪くさせないようにしているのかもしれない。結局、乗り場は国内線ではなく国際線の方にあり、予定通りの高速バスに無事に乗り込むことができた。平日ということもあって、海外からの観光客が数人いるだけで比較的空いていた。ハウステンボスまでは1時間ほどかかるらしかった。周りに迷惑がかからない程度のコソコソ声で、私たちは将来のことを話し出した。今からテーマパークという現実から離れられる場所へ行くのに、超現実的な話をしている違和感に、私は突っ込めなかった。恋人もいないのに理想の結婚観を私たちは言い合っていたのだ。生まれてくる子どもに習わせたい習い事、母親になってからの自分の働き方、姑との付き合い方など、話せば話すほどテーマパークから遠のいていくように思えたが、ちゃんとバスは目的地に近付いていった。理想が高過ぎるのを自分たちのせいにすると、これから前を向けないので母親のせいにした。母親が私たちをちゃんと育ててしまったがために、私たちの理想は高くなり過ぎてしまったのだ。旧ベスフレも私も、今のところ恋人になりそうな人が近くにいるわけではない。いや、近くにいるのに鈍感で気付けていないのか。すんなり飲み込めないまま、バスはハウステンボスに到着した。

荷物をホテルに置いて、パーク内を散策した。広大な敷地は一周するにも一苦労で、最初に見た景色に戻ってくる頃にはだんだん暗くなってきて、目的のイルミネーションが目立ち始めていた。サイトで見て楽しみにしていた3段のメリーゴーランドは、実際に見てみると思っていたより煌びやかで、メリーゴーランド自体に乗ることよりも、記録に残したいという気持ちが勝ってスマホを向けていた。だが、私の撮影技術がないのか、煌びやかさが半減してしまった。見上げてしまうほど高いツリーも、肉眼で見るほうが断然綺麗だった。私たちはツリーやイルミネーションの周りを何周も歩き回った。

疲れも感じてきたので、ホテルに戻ることにした。その帰り道の途中、旧ベスフレが「ここって世のカップルのデートコース？」と急に周りをキョロキョロし、ソワソワし出した。私は思わず「今⁉」とツッコミを入れた。やっぱりおめでたいヤツだったんだなと思った。バカにしている私に旧ベスフレが「デートってどうやってするんだろう」と聞いてきた。瞬時に答えが出ない私と、考える事をやめた旧ベスフレは、広い道に呆然と突っ立っていた。風の冷たさが身体の芯にまで届いた。

ホテルに戻ると、冷え切った身体を温めるべく、旧ベスフレはお風呂の湯船を洗い、お湯を溜め、私はケトルを洗ってお湯を沸かし、お茶を淹れた。お互いがお互いのために（自分のためでもあるが）事を進めることができる。その居心地の良さはほかの人では作り出せない。旧ベスフレと私も所詮は他人同士なのだけれども、すんなりとお互いに必要な役割という型にハマることができる。

先にお風呂をいただくことになり、彼女が入れてくれたお湯に浸かっていると「ねぇ生きてる?」と声をかけられた。物音がしないのを不安に思い、確認に来てくれたらしい。普段もこうやって心配ばかりされている。姉を通り越して母親のようだ。それに時々反発する私も思春期の子どもみたいだ。平等な関係ももちろん素敵だが、こういう関係も私は好きだ。

普段当たり前に気を使う性格の私たちは常にお互いの考えを尊重する。それを知っているからわがままにもなれるし、一層優しくもなれる。相手にとって良い人でありたいという気持ちもあるのだろうが、彼女は本当に他人の意見をすんなり聞き入れてくれて、まるで器の広い紳士みたいな性格をしている。そんな私たちの会話には「ごめん」と「ありがとう」が多い。お互いの優しさがぶつかってしまった時は「ごめん」、自分が気が付けなかった優しさには「ありがとう」と言っている。これが無意識にできて、呼吸もつらくならないことを、私も不思議に思っている。

ほかほかになった私たちは、お菓子を広げ、恋バナという名のこじらせ話を始めた。好きな人の作り方、果たしてその好きは本当に恋愛の好きなのか、私たちでは到底結論は出せなかった。途中、雷が鳴り始め、窓の外を気にしながら話していたが、眠気が来る頃には雷は止んでいて、いつ収まったのか気付かなかった。時計を見ると、日付をすでにまたいでいて、ほかほかだった身体が冷え切ってしまいそうで、慌ててベッドに潜り込んだ。

次の日。午前中にハウステンボスを出て、特急電車で博多に向かった。ゆっくり起きた朝だったが、朝食バイキングで欲張り過ぎたのか、早々に旧ベスフレは隣で静かに眠ってしまった。私は静かに車窓から外を見ていた。ハウステンボス駅を出て30分経ったくらいだろうか。煙突がいくつか見えた。その煙突のひとつひとつをサンタさんが大きな荷物を抱えて登っていて、可愛かった。このあたりは温泉が有名なところなのかなと思っていたが、温泉地にしては煙突があり過ぎるような気がした。次に電車が停まった駅は有田だった。ここが有田焼の産地なのか。煙突に合点がいき、またゆっくりと流れ始めた風景を名残惜しく眺めた。

田舎に住む祖父母の家のような瓦屋根の日本家屋は私を懐かしい気持ちにさせた。今年の役目を果たした田んぼが広がる。奥には深い緑が広がり、所々に紅葉が残っていて、見逃していた景色を見られて得した気分になった。知らない風景を見ながら、あれこれ考えるのが私は好きだ。

巨大な商業施設を見るとなぜかワクワクする。いつ現れるかなと期待して外を見ているうちに、旧ベスフレと同様、私も朝食ビュッフェを楽しみ過ぎたので眠ってしまった。結局、巨大商業施設を見つけることはできないまま博多駅に到着した。「名古屋駅に似てるね」と言うと、旧ベスフレも同意してくれた。お土産も買いつつホテルに向かっていると、人の行き交う騒がしい街並みとは不似合いに、旧ベスフレがぴたりと立ち止まった。スマホを見る彼女の顔はとても深刻そうで、耐えられなくなった私は「誰か死んだ?」と冗談を口にしてみたが、反応はなく、震える手でスマホを耳に当てた。数回の相槌で通話は終わり、彼女は大きな涙を落とした。18年生きた愛猫が亡くなってしまったらしい。冗談を言った数分前を猛烈に後悔した。私もその愛猫を愛でたことがあった。しかし、私は自分で生き物を飼ったことがないから、生き物の尊さが実感として分からない。それでどう言葉をかけたら良いか分からずにいたので、いつもはイラついてしまう周りの雑踏が救いになった。言葉はかけられなかったが、数年前にもらってキャリーケースの奥にしまっていた、しわしわのポケットティッシュを差し出した。

その夜に食べたもつ鍋は美味しかったが、明らかに旧ベスフレのテンションは低く、私はそれに合わせることしかできなかった。彼女も悪いと思ったのか、途中からはいつも通りの明るさに戻り、私はその大人な振る舞いに感服した。もつ鍋の帰り道、手相占いをしてもらった。私は金運、仕事運がとても良いらしい。70歳近くまでそれが続くそうだ。旧ベスフレは漢気があって、人のためになる仕事が良いと言われていた。教育者として社会に出ている彼女らしい手相結果だと思った。二人共通して恋愛運はあまりよろしくなかったが、笑って吹き飛ばした。一人10分程度で2000円というのはどう考えてもぼったくりだと思ったが、彼女の笑い声を聞けたから、その4000円はどうってことなかった。

高校生の私たちにこんな未来が予想できただろうか。少なくとも私は、卒業すれば年に1回会うか会わないかくらいだと思っていた。実際は、高校生の時にもしたことがなかった小旅行にまで一緒に行っている。私が消極的な予想図しか描けなかっただけなのだろうか。

彼女が撮る私の笑顔はいつもぎこちないが、不意に撮られた写真には、なんだか全てに満足していそうな私がいつも写っていた。

「またね」は私たち二人にとって絶対に叶うことなので、言霊を飛ばすように、真剣に、真顔で、明るい未来を願って、「恋愛しようね」と言って別れた。

B.L.T.'24年2月号('23年12月28日発売)掲載

気付くこと

なんとありがたいことに、母校の名古屋市立富田高等学校の50周年記念式典に、卒業生として登壇させてもらった。会場は高校ではなく、鶴舞の公会堂だったが、自分が着ていた制服を身にまとっている後輩を見かけ、3年前までの当たり前を思い出した。私たちの時は冬の必須アイテムだった寒さを凌ぐための真っ黒なタイツを履いている子は今は少ないみたいだ。今の1、2年生が違うデザインの制服を着ていて、私が卒業する時に数年後には制服が変わるからと言われていたのを思い出した。今どきではなかった紺色のスカートをダサいダサいと言いながら履いていたのが懐かしい。新しい制服のスカートはチェック柄のスカートで、ちょっと羨ましかった。紐みたいなリボンじゃなくて、ネクタイや大きなリボンなのも羨ましかった。だが寂しさもあった。時がずっと遠くへ進んでしまったように思えた。公会堂の建物から、見覚えのあるガタイの良いスーツ姿の男性が出てきた。生徒指導で散々お世話になった先生だ。入学早々叱られたことや、旧ベスフレと廊下を走り回って怒られたことを思い出す。苦い思い出だが、なぜか口角が上がってしまう。卒業式ぶりに会った先生は少し穏やかになったように見えたし、白髪が増えていた。建物の中を進んでいくと、そこはもうよく叱られに行っていた職員室のような雰囲気で、私を見るなり、来ることを知っていたくせに目を見開いて、再会を喜んでくれる先生方ばかりだった。肌を切るような外の寒さのせいか、温かい空気が肌にまとわりついて身体の外から温度が上がるのが分かった。2、3年生の頃に化学の担当だった先生が私の案内係のようで、控室まで連れていってくれた。道中も控室に入ってからも、昔と今が繋がる話をした。修学旅行の時、仕事と学業の両立の難しさをロビーで相談したのをよく覚えている。化学の授業が好きになったのも先生のおかげだ。定期テストは90点台ばかりで、休み時間も問題集を解くほどハマっていた。家庭科の先生と高3の担任の先生にも会えて、食生活アドバイザーの資格を取れたことを伝えた。管理栄養士になりたくて、家庭科の授業を選択したり、そのための進路を担任の先生と考えたりした。結局、管理栄養士になる進路は一旦閉ざしたが、資格を取ったことで栄養学や食に私なりに関わっていけているということを先生方に示せたことが嬉しかった。転勤してしまった先生たちの近況も聞けて、今回会えないのが猛烈に寂しくなったが、開催されない、と伝説になっている同窓会をどうにか開催させたいと思った。

私のほかにも4名の卒業生が来ていて、生徒指導の先生も富高生ということで、計6名での座談会が舞台で行われた。友達のように接しても怒らない女性の先生が作ってくれた6名の紹介動画が流れる。文化祭の最終日に流れる動画も毎年その先生が作ってくれていて、バンドの曲をBGMに文化祭を振り返るのが楽しみだった。私たちの青春をギュッとまとめて思い出にしてくれていた。卒業生が一人ずつ紹介され、私が最後だった。舞台から聞こえる歓声というのか声援というのか何かしらの声を受けて、用意された席まで歩く。人前に出る時は必ず緊張するが、地元の後輩しかいない場所で、お世話になった先生たちに見守られながらの座談会はいつもとは違う緊張だった。どこを見たら良いのか分からず、ピントを合わせずに客席を見ていると、何かが揺れている気がしてよく見てみると、学生が私に向かって手を振ってくれていた。無視するのも良くないと思い、手を振り返すとほかの学生たちのテンションもワッと上がり、芸能人の気分を味わえた。ありがとう。私が学生の頃はおとなしい人が多かったが、数年で学校の雰囲気は変わるものなんだと思った。

各々の高校生活を振り返った。事前に生徒指導の先生から、将来何をしたらいいか迷っている後輩にアドバイスをしてほしいと言われていたが、私にそんな話ができるだろうかと不安だった。結局、それはほかの卒業生に任せて、キャリアとは逸れた話をした。終わった後に思ったが、継ぎはぎの言葉すぎて、伝えたかったことの半分も伝わっていない気がした。なので、後輩たちは見ていないと思うが、ここで文章にしておきたいと思う。私は、言葉についての話がしたかった。私にとって言葉は、見えない感情の輪郭を縁取ってくれる存在だ。それに救われることもあれば、傷つくこともある。言葉は伝わってしまうものだけど、それが正しく伝わっているとは限らない。私は高校生の時にそれを感じた。同級生の流行りについていけない達観している自分。話しかけられてもそっけない対応をしてしまう。もっと言葉が必要なのに、出てこない。感情の名前が分からなかった。分からないから諦めた。昔から小説を読むことが好きで、言葉や感情をそれなりに知っているつもりになっていたけれど、その言葉も感情も筆者のものであって私のものではない。私にとってはニセモノのように感じた。

言葉足らずで、毎日不服そうな顔をしている私とも仲良くしてくれる友達がいて、そっけない返事を何度しても彼女は隣にいてくれた。私の数少ない長所を知ってくれていたというよりも、彼女の性格上、独りになってしまう子を放っておけなかっただけなのだと思うが、だとしても彼女の存在はとてもありがたかった。それは先生方にも言える。入学してすでに今の仕事を始めていた稀有な存在の私を、いち生徒として声をかけてくれた。ただ当時はそれに気付けなかった。自分が傷つくことが怖かった。言葉を受け取るのが怖く、正しく受け取れているのか、いつも不安だった。それでも友達や先生方は、すれ違うたびに下を向いている私の顔を覗きながら何らかの言葉をかけてくれた。最近そのことをよく思い出す。それはこの連載で過去をよく取り上げているからなのかもしれない。月イチで書いているこの連載は私の敵になることがある。何を書いたらいいのか、感情と言葉を繋げる作業が今でも苦手だ。だから3000文字も使ってつらつら駄文を書き上げている。モチベーションはよく底辺に停滞する。その度に国語の授業でやった夏目漱石の「こころ」を思い出す。「精神的に向上心のないものは馬鹿だ。」という一文だけがやけに浮かび上がる。昔から本を読むことが私の居場所だった。言葉との距離が近かった。だからサボっている気がしてしまう。小説が好きな私や、そっけない私の言葉で傷つく友達の顔を思い出す。だから休載したいと口で言いながら、絶対に落としちゃダメだと何度もパソコンを開く。人が言葉を諦めても私は諦めちゃダメなんだと心をキュッとつねる。好きなものを嫌いになりそうな自分を、時を超えて好きな作家が私の意地を引っ張り出してくれる。だから私は異常なほどに言葉に執着してしまっている。それをなんだか悪くないと思ってしまってもいる。

座談会の時はまだまだな私が受け入れられず、舞台袖で肩を落としていたら、温かい手が私の肩に触れた。振り向くと、お世話になった先生方が私の周りに集まっていた。定期テスト終わりによく見た顔をしていた。私もタレントの顔から生徒の顔へ一気に戻る。家庭科の先生が「すごいじゃん！　会話を回してたじゃん！」と言ってくれて、周りの先生方も、高校生の頃の猫背の私が今、真っすぐ立っていることに感心してくれた。高校生の頃に気付けなかった言葉は心に降り積もって山になって、今の私が真っすぐ立つための重心になっている。先生たちの「頑張れ」は本当に背中をポンっと押してくれているようで前に進める。こういう言葉に何度も気付きたい。言葉は一語だけではない。知っている言葉をたくさん使えば良いと思う。ブサイクでも相手に伝わるならそれで良いと思う。それが先生方みたいな言葉の力を持たない今の私の答えなのかもしれない。

B.L.T.'24年3月号（'24年1月29日発売）掲載

また会いたい

「よく笑うんだね」と人に言われた。意識したことはなかったが、私は自分が思うよりもツボが浅く、いろんなことに反応してニヤけたり声を出して笑ったりしているらしい。人の発言や行動を観察するのが好きな分、ツボに入ってしまう機会も多くなる。人に興味がないと思っていた自分が、人を見てよく笑っているというのは、矛盾している。自分の中に一致しない自分がいることに気付き、今更ながら戸惑う。

電車に乗っている時や街を歩く時は大抵ラジオを聴いている。高校生の頃から聴き始め、好きになる番組は増えていく一方だ。好きすぎて〝お便り〟も送ったことがある。初めて読まれた時はその内容よりも、私の考えたラジオネームをパーソナリティが声に出して読んでくれたことに興奮した。初めて聴いたラジオは「King Gnu井口理のオールナイトニッポン0(ZERO)」(19~20年)だった。その頃の私はまだ実家暮らしで、弟と一緒に音楽に夢中になっていて、ギターが弾ける弟と暇さえあれば歌い狂っていた。そんな時にKing Gnuという存在を知った。衝撃的な音楽で私たちをのめり込ませた。そのバンドのボーカルがラジオをやっていることを知った。ラジオなんて昭和のイメージの代表で古臭いものだと思っていた。聴こうとしたこともないし、ラジカセみたいなでっかい機械がないと聴けないものだと思っていた。だが時代はちゃんと進んでいて、片手で持てるスマホで聴けることを知った。その歌声しか聴いたことがない彼がどんな声でどんな話をするのか気になって、夜ふかしをして弟と布団に潜り込んで聴いた。MVではかっこよくて、地元のお兄ちゃんたちには感じたことのないオーラをまとう井口さんが、内容は覚えていないが、ラジオでは歌声よりも低い声で、飾らなさすぎる下世話な話を繰り広げていた。それに幻滅するどころか、私はもっとファンになった。それから毎週聴くことにしたかったが、リアタイするには遅すぎる時間で、成長期の私には続けられなかった。だがやっぱり時代の進歩は素晴らしいもので、1週間だけアーカイブが残るので自分の好きなタイミングで聴けるのだった。学校まで歩いて行く道や、ひとりぼっちの昼休みによく聴いていた。それで酷使されたのか、イヤホンの調子が悪くなってしまい、父におねだりしてワイヤレスイヤホンを買ってもらった。

音楽とラジオはものすごく近いところにあるのだと知ってからは、J-WAVEを聴くようになった。夜中、日替わりでアーティストが出ている番組が好きだった。そこで新譜を初お披露目することも多く、昼間まではなんでもない日だったのに急に特別な日になる。すでに芸能の仕事は始めていたが、ラジオが自分の仕事に繋がるものだとはまだ気付いていなかった。

ふとSNSでラジオを聴くことが好きだとつぶやいたことがある。するとフォロワーの方たちから、芸人さんがやっている深夜ラジオを薦められた。色々な番組を教えてくれたが、その中でも「オールナイトニッポン」という言葉は知っていたので、オードリーさん、ナイナイさん、霜降りさんのオールナイトニッポンから聴き始めた。ただ話しているだけなのに、笑いが生まれる空間にすぐ引き込まれていった。

何かに心が圧迫されて苦しくて、眠れない日々が続いていた時があった。自分の呼吸の音が鬱陶しく、でも無音の恐怖も知っていた。そんな私を芸人さんたちの深夜ラジオが随分落ち着かせてくれた。流れてくる声に身を任せているといつしか眠っていて、早朝のラジオで目を覚ますのだった。朝の番組は政治や社会の話題が多く、自分にはまだ程遠い問題として聞き流して二度寝をした。

芸人さんのラジオにのめり込むようになり、すぐに1週間のストックが切れてしまう。急に1週間が長く感じてしまった。SNSに来ていたほかのコメントも読んでみると、知らない芸人さんの番組を紹介してくれていた。先入観も何もない状態で聴くのはちょっと怖かったが、何もすることのなかった昼休みを埋めるべく再生ボタンに触れた。オープニングの音楽が小さくなるのと同時にコンビの芸人さんが挨拶をする。知っている声だ！と思った。たまたま見ていたテレビを思い出して、ハライチというコンビ名と顔が初めて一致した。めちゃくちゃ有名な芸人さんの声と顔が一致しないくらいにはテレビに興味がなかった。「今週のネコちゃんニュース！」と声高らかに言い、どこかしらのネコちゃんのニュースを伝えていた。どちらかがネコちゃんを好きなのだろうと思った。それから二人それぞれが今週あったエピソードをトークしていく。二人の世間話に交じっている感覚が好きになっていた。「ハライチのターン！」はいつもそれを感じる。ハライチのお二人と私の年はずっと離れていて共通の話題なんてひとつもないだろうに、昔からその話を知っていたかのようにスッと入ってくる。不思議な時間だ。1時間がとても早く感じる。30分程の昼休みは5分もないようだった。それ以来、毎週聴くようになって、番組のお決まりの流れにも乗れるようになってきた。今週のネコちゃんニュースや新しいスポンサーが決まった時に流れる音楽、ふとしたきっかけで始まったコーナーがすぐに消えてしまうことも含めて、毎週聴きにいく理由が増えていくばかりだった。

空気階段さんのラジオ「空気階段の踊り場」も聴くようになった。「キングオブコント2021」(KOC)に優勝した直後の放送では、KOCのトロフィーの〝音〟を聴かせてくれるASMRをしていて、状況を理解できない時間が続いたが居心地は悪くなかった。顔も名前も知らず、KOCに優勝したことも知らなかったので、芸人さんってみんな変な人たちだなぁと思っていたら、銀杏BOYZの峯田さんがゲストとして登場してきて、意外な関係性に驚かされた。ここが面白い！とハマったわけではなかったが次の週も聴きに来てしまった。KOC優勝の祝福ムード冷めやらぬなか、この時は知らなかったが準レギュラーくらいに出演している〝クズ芸人〟の岡野陽一さんがゲストで、クズ芸人界の生態系の危機を語っているのに声を出して笑ってしまった。私には関係のない、私がいない世界の話は本来どうでもいいはずなのに、とても居心地のいい場所だと知ってしまった。過去回も聴きたくなり、レギュラー放送になる前の特番から聴き始めた。下ネタ、学生時代の劣等感、不完全な人間模様、岡野陽一さん、と鎮まることのない感情がうるさかったが、心地良かった。ただ、二人の笑い声はなぜかこちらも釣られて笑ってしまう不思議な力があり、布団の中で笑い声を最大限堪えながら、夜ふかしが親にバレて叱られないかとヒヤヒヤもしていた。

〝好き〟は加速していくばかりで、空気階段さんが優勝したKOCも見てみた。ラジオとは違う面白さを知ってしまった。興味がなかったことが一気に気になった。賞レースは毎年必ず見るようになって、好きな芸人さんのバラエティー番組も見るようになった。令和という時代のおかげで、ラジオはポッドキャストとして広がりをみせていた。インターネットを通じて聴けて、私が普段ラジオを聴く方法と変わらなかった。どこかで聞いたことのあるコンビ名だなと思ったら、まずポッドキャストで番組を調べて聴いてみるというのを繰り返すようになった。

いつしか私は芸能の仕事で食べていくと決め、上京していた。初めて決まったレギュラーの仕事はラジオだった。芸人さんたちとの番組で、趣味が仕事になった。いや、「なってしまった」という感じだった。初収録のことは2年以上経った今思い出しても恥ずかしい。いつも聴いているラジオでの芸人さんのトークがいかに技術の要ることだったのかを思い知らされた。到底自分にできるわけがなかった。だが、ラジオは自分にとって居心地がいいと感じる場所で、嫌いになりたくなかった。辞めたいとは言いたくなかった。それなのに、ラジオには話術も必要だが、一番は人としての魅力が必要なのだと、自分に最もないものに気付いてしまった。なかなか簡単に埋められるものではない。何の成果も得られないまま月日が経っていった。だんだんと〝嫌い〟が募っていくのだろうと思っていたら、そんなこともなかった。自分の中身に自信がついたわけではない。お喋りが上手になったわけでもない。それでもマイクの前に座ることが怖くなくなった。たまに楽しいとさえ感じることもある。周りの人たちの偉大さや優しさに甘えているだけかもしれないが、好きなことを嫌いになれなかった私を認めていきたい。また会いたいと思ってもらえるラジオができるように、これからもマイクの前に座り続けたい。

B.L.T.'24年4月号('24年2月28日発売)掲載

一緒に大人になろうね

「会いたい」と幼なじみが言ってくれたので、部屋を掃除した。できるだけ部屋が広く見えるように整理整頓したのだが、彼女が部屋に入って来ての一言目は「物が多いね」だった。失礼だなと思ったが、彼女のそういう遠慮のない言葉が好きだ。いつも人を嫌な気持ちにさせない彼女が毒を吐く瞬間が私は好きだ。めくられた裏側はどうしても見てみたくなるもんだ。

彼女との出会いについてはこの連載ですでに書いた気がする。何度も書きたくなってしまうくらい、あの出会いには感謝している。孤独を感じていた彼女に私が声をかけたことが始まりだった。遠いキラキラした所にいる彼女に話しかけた自分は、今でも信じられないくらいの勇気の持ち主だった。それから彼女は私が普通に生きていたら通らなかった道を教えてくれた。一緒に歩いたり走ったり、つまずいてしまうこともあったが、全部笑い事にできたのは、彼女の明るさが眩しすぎるせいだ。

「会いたい」と言って東京に会いに来てくれた彼女だが、真意はほかにあるのではと聞いてみたら、本当にただ私に「会いたい」と思って来てくれたらしい。そんなことを思うのはあなたくらいよ、と感謝しかなかった。そんな嬉しさから私は彼女を喜ばせたくて、ホテルのアフタヌーンティーに誘った。ちょうど苺の季節で豪華な時間になりそうだった。ホテルに入るや否や、大人の雰囲気に圧倒されて無口になってしまったが、ガラス張りの開放的なラウンジへ行くと、「雨だけど、それがまた良い雰囲気だね」と彼女は言った。それがすごく良いなと思った。というのも、ここに来るまでの間、憂鬱な冬の雨が私たちの足元をひどく冷やし、アフタヌーンティーへの期待感など消えていたからだ。気持ちの切り替えが早くない私は、ホテルに着いても冷えた身体に気を取られていた。そんな私とは反対に、彼女はいつだって気持ちの切り替えが早く、ラウンジを見回すと、早速素敵だと思ったことを独り言のように口にしたのだった。その言葉に乗っかってみると、なんだか私の心も身体も温かくなってきた気がした。

紅茶とともに、たくさんのスイーツとセイボリーが並んだが、私と彼女は食べる順番が似ていた。マカロンが好きだからと最後の方に残しておいたりして。一番豪華に見えるパフェを二人そろって最後までとっておいたことに気付いた時は、くすぐったくなった。

彼女は思い出をキレイに残しておくことが好きみたいだ。できるだけ妥協はしたくないらしく、どこかに出かける前は、前日のリサーチは惜しみなくして夜を更かす。結果、素敵な空間に囲まれながらご飯を食べ、他愛のない話でも花を咲かせるのだ。そのために1時間も店先で並んだりもする。気が滅入ってしまうこともあるのだが、彼女のリサーチに狂いがあったことはないから、我慢して並ぶことができる。それに、途切れずにお喋りできるのも私たちの強みだ。インドアな私とアウトドアな彼女を何が結びつけているのか、今はまだよく分かっていない。

彼女が家に来た時はいつもシングルベッドに二人並んで寝ている。さすがに窮屈で、寝返りを打った拍子に彼女の足を蹴ってしまったことがある。とても寒い日に彼女が布団を奪い取っていったこともある。だがケンカはしたことがない。というか、今までに一度も彼女とケンカをしたことがない。それは彼女の懐の深さのおかげだと思う。私も彼女のことが大好きだという気持ちだけで優しくなれている、気がする。優しすぎる彼女が誰かに傷つけられるのはもう見たくない。

私の誕生日には必ず手紙をくれる。私も彼女の誕生日に手紙を渡すが、一言くらいしか書かない。それに対し、彼女は結構な長文を書いてくれる。上京してからの手紙では「一番の友達だよ」「つらくなったらいつでも会いにいくからね」「愛華はいつも頑張ってるよ」と、なかなかに私の心の弱いところを刺してくる。今までで特に嬉しかった言葉は「おばあちゃんになっても仲良くしようね」と「結婚式の手紙は愛華に書いてもらうって決めてるから、今から書いといてね」というので、彼女の未来に当たり前のように私も居ることが、嬉しかった。彼女の言葉は私の心を柔らかくしてくれる。余計な力が抜け、心にじんわりと彼女の温もりが伝わってきて、そのまま心地良くて眠ってしまう。目を覚ますと、なんだか軽くなった身体に力がみなぎっていて、布団を吹っ飛ばし、正々堂々と太陽に顔を向ける。そんな風に、彼女の言葉は私の眠気覚ましと言ってもいいくらいなのだ。私も同じように彼女のことを想っているが、想っているだけで言葉にして伝えたことはない。だから彼女のそのエネルギーはとても羨ましい。

たまたまなのか、彼女が遊びに来ていた時期が私の誕生日に近かったのでお祝いをしてくれた。プレゼントやお花をもらって、今年もちゃんと手紙があった。いつも茶色いおしゃれな封筒に入っている。彼女の前で手紙を読むのは、私の感情が透けて見えてしまいそうで、早くお風呂に入ってくれと思ったが、大丈夫なフリをした。手紙にはいつも通り私の心の弱いところを刺してくる言葉が並んでいた。涙を流すと止まらなくなってしまうことが分かっていたから、サッと読み流したのだが、最後の一文は読み流すことができなかった。

「一緒に大人になろうね」。

彼女はどこまで私の心を見透かしているのだろう。私がいつも気丈なフリをしていることに、気付かぬフリをして接してくれていたのか。日頃は文面でのやりとりしかしていないのに、なんで私の心まで読めてしまうのだろうか。

彼女と過ごした高校時代、私はずっと孤独を感じていた。同級生より先に働き始めた私は、周りのみんなが軽々と未来を語るのが羨ましかった。朝も昼も夜も仕事のことを考えていた私は、彼らに話を合わせる気もなかった。だからみんなとは違う道に逸れに逸れてしまって、もう元には戻れないところまで来てしまったと何度も後悔をした。でも、今さらそんなことを周りに言えるわけもなく、仕事を続けることで強がり続けた。彼女に弱音を吐いたりすることは滅多にない。吐いたとしても冗談混じりに話すくらいだった。それなのに、彼女は私の本音をちゃんと見透かしていた。

上京して地元にあまり帰らなくなっても、彼女の方が東京に来てくれた。たまに帰った時には必ず地元の子数人を集めたごはん会を開いてくれた。そうやって周りと私を今も繋ぎ続けてくれている。

1週間弱の彼女の滞在期間中、私には仕事もあった。仕事へ行くためによく通る道や、仕事前に立ち寄るカフェなど、いつも私が一人でいる場所に、彼女も一緒にいるのが不思議だった。カフェのいつもの席に彼女が座っている。一人の時はラジオを聴いたり、ドラマや映画を見たり、本を読んだりしてリラックスして過ごすのだが、彼女とおしゃべりしながら過ごす仕事前の時間は、本当に今から仕事なのかとスケジュールを確認するほど、リラックスしていた。

深夜に仕事が終わった日があった。彼女には、帰る時間が遅いから先に寝ていてと伝えておいたので、そっと静かに家のドアを開けると、まだ灯りがついていて、「おかえり」と彼女が出迎えてくれた。一人暮らしの自分の家で「おかえり」と言われたのは初めてだった。力の入っていた肩が緩まった感覚がした。深く呼吸ができる感じ。急に眠気が強く襲ってきた。すぐにお風呂を済ませ、明日の予定を彼女と確認しつつ布団に入った。彼女の体温がすぐ隣にあって、何か彼女の話を聞いていたが、いつの間にか「おやすみ」も言わず眠ってしまっていた。

次の日はお休みで、起きてまったりしながら準備をして、ショッピングに出かけた。洋服屋で試着しながら似合う似合わないを言い合ったり、お昼ご飯は二つの料理をシェアして楽しんだり、カフェで美味しいスイーツを頬張る私を写真に撮ってくれたり、友達と過ごす時間ってこんなに楽しかったっけ？　と、時々ひとりの時間と比べて寂しい気持ちになった。夕食は彼女がお店を予約してくれていた。ずっと行ってみたかったところらしく、ウキウキしている彼女は雨の中でも足取りが軽かった。

夜になると、なぜか恋愛の話ばかりしている。二人とも恋愛経験が豊富な訳ではないので、理想を言い合うだけなのだが、「よく私たち仲良くできてるね」と心の奥を疑ってしまうくらい、恋愛観は何も合わない。そもそも合うところを探す方が難しい。お互いのことを知れば知るほど共通点が見つからない。でも、これからもずっと一緒にいられる気がするのは、私だけなのでしょうか。

B.L.T.'24年5月号('24年3月28日発売)掲載

最近

生きていると面白いことが多々ある、なんて成功者しか言えないような言葉を弱冠21歳で心に浮かべてしまった。皆さんもご存知の通り、へぇへぇ限界を感じながらも毎月3000文字を連ねることで、私は何を成し遂げたのか。まだ何も成し遂げてはいない。最近褒められたことといえば、人とおしゃべりができるようになったことだ。昔は難なくできていたのだが、10代後半からそうはいかなくなってしまった。下を向くと安心した。イヤホンをして自分が知りたいことだけに耳を傾ける日々が続いた。でも、何か感動や刺激を受けるたび、誰かに話したいと思った。妄想の中だけで人に感想を伝えてみると、否定的な意見ばかりが返ってきた。私は沢口愛華とは名乗っていないSNSの世界に逃げ込んでいった。誰も見ていないアカウントなので、感想を呟いても、いいねがつくことはない。性別も住んでいる場所も分からないアカウントを気にかける人はまずない。SNSの世界では誰にも気兼ねすることなく取捨選択ができる。膨大な情報、人の意見を受け入れるのも切り捨てるのも責任が伴わない。人と関係を築くのをめんどくさがっている私にとって、そこは居心地のいい場所だった。心に余裕ができたのか、自己承認欲求がコップから溢れてしまったのか、感想を呟くだけのこのアカウントを人に紹介した。人と言っても他人ではない。〝沢口愛華〟のファンだ。しかも相当好いていてくれている人たち。この人たちならなんでも受け止めてくれるかもと思った。実際、受け止めてくれた。音楽、小説、映画、スポーツのことなどを呟くと同じ趣味をもった人が返信してくれる。新たな角度から見える私の好きな物事は悔しくもすごく魅力的だった。

と、ここまでいつかの自分が書いていたのですが、数日間ほかの仕事をしていたら何を伝えたいのか分からなくなってしまい、挙げ句の果て、言葉が何も出てこず、締め切りの日付をまたいでしまいました。いつも書けない書けないと言っておりますが、戯言でした。今が一番書けないです。仕事の休憩中、寝る前、新幹線の中と何度もノートパソコンを開いてはいるのですが、文字が進む項目は弟の話だけ。弟の話は皆さん読み飽きただろうな、と思い断念しました。でも一言二言、文字数稼ぎのために書かせてください。いろんなところですでに話していることではありますが、文字にも残しておきたい。愛しき弟が大学に合格しました！　今までで一番綺麗な桜が弟を囲んでいます。今年は例年より桜の開花が遅かったおかげで、満開の桜の中で入学式を迎えることができましたね。早速お友達も出来たようで、嬉しいです。そろそろ弟離れをしなくてはいけないのでしょうか……。そんなことを考えただけで心が飢えます。受験を終えた弟の顔色がとても良くて、発言もキラキラしていて、私まで元気をもらっています。今年はいろんな所へ弟と行く予定です。お笑いライブ、夏フェス、ハンバーグ屋さんの「さわやか」等々。弟が行きたい場所なら、どこにでも行く覚悟は、お姉ちゃん、あなたが生まれた時からできています。

桜といえば、伊勢大輔(いせのたいふ)の和歌が心に浮かんできますね。「いにしへの　奈良の都の　八重桜　けふ九重に　にほひぬるかな」という小倉百人一首にも選ばれている歌が。この詩歌の背景が好きで、冬が終わりそうな風が吹くと必ず思い出します。この歌から爽やかで柔らかな印象を私は受けるとともに、藤原道長に急に歌を詠めと言われて返した歌なので、その時の伊勢大輔の緊張した声と、春の暖かな青空を想像してしまいます。でも昨日は雨が降って、桜が散ってしまって寂しいです。もう次の春を心待ちにしています。この詩歌を即興で詠んだ場所には道長のほかに紫式部もいたそうです。今の大河ドラマに二人とも出ていますね。毎週ドキドキしながら見ています。道長と紫式部が手紙を送り合うシーンは胸が張り裂けそうになるくらいやるせない気持ちでいっぱいになってしまいました。今一番好きな曜日は日曜日です。

半年前からピラティスに通っています。とにかく筋肉がないらしく、ないのになぜか、毎週筋肉痛になっています。ピラティスをやった後はお腹が空くのでたくさんご飯を食べてしまいます。なので半年通っても体重は変わっていません。半年通っていることをまずは褒めてくれると嬉しいです。

今、名古屋を通過しました。新幹線に乗っています。広島で仕事です。高校生の修学旅行ぶりでワクワクしています。牡蠣が食べたい。まだまだ着かないですね。ちと遠いです。帰りは名古屋で降りて実家に少し帰ろうと思っています。やっと二人の育児が終わった母に迷惑をかけにいこうと思っています。母のチーズケーキが食べたいです。母が作るものは大体全部美味しいです。手土産にもみじ饅頭を買うことを忘れないように、ここに書き留めておきます。幼なじみにも会うので、手土産のもみじ饅頭は二つ買って帰らないと。

最近の仕事は勉強になることばかりですね。忘れないように書き記すようになりました。日記みたいなものです。それを1カ月分繋げたら、この連載、無限に書けるかもしれないです。今回みたいなことはもう二度と起こしたくありません。せっかく弟にこの連載を褒めてもらえたのだから。私の仕事内容にひとつも興味を示したことなどなかったので、褒められて驚きました。弟も文章を読むのが好きみたいです。「読める文章だね、すごいね」と言われました。それから好きな文章の形について1時間くらい語り合いました。お互い基礎もメソッドも知らないので、私は好き俺は好きということだけを基準にして話したのですが、とても有意義でした。それより何より弟に褒められたことが、とにかく嬉しかったです。

仕事でいろんな人に会うと刺激を受けます。周りの人と自分を比べた時に自分に足りないところを認めるのは悔しさでいっぱいになりますが、人のかっこいいところはそのまま切り取って残しておきたいと思えるようになりました。そういえば、私の一人ラジオが始まりました。スマホでも聴ける「ＡｕＤｅｅ」で毎週日曜日24時から配信されています。また一つ好きなことが仕事になりました。だからこそ大事にやっていきたいと思っています。いざ始めてみると、難しさを感じています。話し始めると話したいことが増えていってしまう悪い癖があって、ついついぐだぐだしてしまうので、ちゃんとしなきゃですね。これは例の日記に書いてあった反省点です。ラジオタイトルは「沢口愛華のわりと良い朝が来るように」です。好きな曲の歌詞を引用させていただきました。お時間ありましたら、ぜひ聴いてみてください。

予定通り、実家に帰ってきました。もみじ饅頭を買うのを忘れてしまいました。牡蠣も季節を過ぎてしまって食べられなかったです。今回の帰省では弟の引っ越しを手伝うことになって、現地まで行きましたが、私はほとんど音楽を流すＤＪとして隅っこの方でみんなを鼓舞していました。一緒に家具を組み立てたり、ご飯を買いに行ったり、少しずつ大人になっていく弟を近くで見られて幸せでした。あ、また弟の話になってしまった。まぁとにかく、どこを切り取っても弟はかわいいということです。

その後、幼なじみと夕飯を一緒に食べました。久しぶりの栄は地下鉄の出口が多すぎて迷子になりました。相変わらず人が多いですね。ちょっとイラッとしてしまいました。短気な性格は困りますね。店に入り、成長しない恋愛話に花を咲かせ、お互いまだ大丈夫と言い聞かせて、2軒目へ。大人が

2軒目に行く理由が分からなかったのですが、実際やってみても分からなかったです。帰ってくると実家では父がニヤニヤしながらビールを呑み、息子の門出を喜び、あるいは寂しがり、娘の帰省には照れを隠せていない状況でした。さっさと寝室へ誘導し、母娘の時間に。父とは反対に母はため息をついて「もう誰もおらんようになってしまった」と少なくなった洗濯物を干していました。編み物を趣味で始めて、今はポシェットを作っているそうなんですが、編んでは解いてを繰り返し、子どもに費やしてきた時間を無理やり埋めているようでした。

「今年は数年ぶりに家族旅行へ行きませんか?」なんて言ってみたら、母はどんな顔をするのだろう。

来月はちゃんと連載書きます。

B.L.T.'24年6月号('24年4月26日発売)掲載

ペンライト

おこがましくも私の「推し」を紹介させてください。と言いつつも、ご本人様にご迷惑がかかるようなことがあると、私の生きる意味が失くなってしまうので、ここでは仮名でいかせていただきます。タコが大好きな子なので、タコちゃんとでも呼びましょうか。いやこれ、隠すつもりないですね。タコちゃんは私の弟と同い年で、超絶かわいい女の子です。アイドルグループに所属しています。先輩にちょっかいをかけたり、同期に闘志を燃やされたり、後輩に憧れられたり、忙しい女の子です。タコちゃんを大好きになった時のことをよく覚えています。

タコちゃんの先輩の卒業コンサートに私はいた。その先輩をグループにいるうちに生で観てみたいと思い、初めてコンサートに参戦した。グループのメンバーとしての最後のライブを見届けられたこと、アイドルの集大成の結晶はこんなにも美しいものなんだと感動していた。そんな中、私の目にはスローモーションで映る彼女がいた。一度も手を抜かない、いつどこを観ても彼女の１００％が私たちに伝わる、そんな子だった。家に帰るなり、私は持っていたＤＶＤを漁って、その子を探した。タコちゃんというらしい。どのタコちゃんも真っすぐお客さんに届く声で歌い、踊る。かわいい、美しい、壊れないでほしい、と思った。そして、私の目は節穴だったのか⁉　なぜ、今まで気付けなかった⁉　と驚くばかりだった。

ほぼ毎日更新されるアメブロを毎晩読むことが生活の一部になり、悔しいことや悲しいことがあった日は特に癒やされた。ライブも3カ月に1回のペースで行くようになり、その度に彼女の成長に驚かされる。この子は止まらない。ずっと走っている。どこへ向かっているか、私には分からないが、離れていっている気はしない。

高音が武器の彼女は難しいパートを任されることが多い。曲の最後のフェイクなど、見せ場が多く、オタクとしてはすごく嬉しい。ピンクのペンライトがとても映える瞬間、心が満たされる。いつも全力なタコちゃんの歌声は言葉に感情が絡み、ダイレクトに伝わる。私はそれが好きだ。それが鬱陶しく聞こえないのは、彼女が普段から練習を怠らない子だからなんだろう。

　ある昼公演で高音がうまく出ないことがあった。彼女も納得していない様子で、それでも不安な顔は見せず、笑顔を作る彼女の心の内はどんなに騒がしかっただろうか。私は笑顔を絶やさない彼女を応援できていることがすごく誇らしいと思った。後に知ったが、喉の調子があまり良くなかったみたいだ。ツアーが始まって折り返しの地点だった。疲れも溜まっていたのだろう。最後、メンバーからの挨拶の時に、彼女の番になり、彼女が一歩前に出る。少し言葉に詰まっているようだった。彼女が言葉を発しそうになり、私は前のめりになる。彼女は無理に笑顔を作った。涙を隠すためだった。「最悪」と何度も言い、涙を強制的に止めようとしていた。「感情が先走ってしまって」と言う彼女は悔しかったんだ。悔しくて悔しくて、それでもステージに立っている時は後輩が憧れるアイドルでいられるように、笑顔を絶やさず踊り歌い続けてくれたんだ、と今回のライブのタコちゃんハイライトが脳内で再生され、私は涙が止まらなかった。あの難しい高音を出せなかったことが悔しくて、涙が我慢できないくらい溢れ出てしまう彼女はどれだけ練習を重ねてきたのだろう。それを証明する涙は美しく、私はその涙から目が離せなかった。

　不完全な美しさを初めて目の当たりにした。彼女に欠点があるわけではない。ただ、この子はまだ何かの途中にいるのだと、はっきり分かった。

　そのまま夜公演も参加した。セトリは同じなので、どうなるかソワソワした。そんな自分を恥じるくらい、タコちゃんはやってくれた。難しい高音を成功させたのだ。その後も難しいパートを歌いこなし、ライブを終えることができた。

　まだ彼女に出会って日は浅いものの、いつも全力で走る彼女の成長はライブで観るたびに遥か上を越えていって、私は動けなくなる。「なにそれ、リプレイして！」と心が叫ぶ。

　夜公演の最後の挨拶で「悔し涙は嬉し涙に変わるから」と彼女の先輩は言った。彼女が次に流す涙は嬉し涙であってほしいし、そこに立ち会うことができたら、これ以上の喜びはない。応援ソングを聴いているとよく思う。ただの人が歌っているだけでは届かない。転けても立ち上がる強さを持つ彼女たちが歌うから、届くんだ。彼女が捧げてくれた時間を私は精一杯輝かせたい。この一つの灯りが彼女を照らし、小さな力になるよう、またおこがましくペンライトの電池を変えるのであった。

B.L.T.'24年7月号（'24年5月28日発売）掲載

元気にしていますか？

連絡先をさかのぼっていたら、懐かしい名前を見つけた。懐かしいといっても、まだ3年前のこと。でもとても懐かしく、なんとなくでしか思い出せない記憶の映像の画質は荒いのに、居心地が良かった温度が心に残っている。

まだ紫陽花の儚さを知らなかった、高校2年生。クラス替えを経て、馴染めない教室に行くのが億劫で、保健室と生徒会室を往復していた。生徒会室に行くきっかけになったのは、なんでだっけ？　1年生の時同じクラスだった子に放課後誘われたのがきっかけだっけ？　生徒会室の扉を開けると、私みたいな教室に居場所を見つけられなかった人たちが集まっていた。そのほとんどの子が生徒会に所属していたこともあって、溜まり場になったのだろう。生徒会に所属していない私に椅子を用意してくれ、雑用を少しずつ押し付けられながら、居場所を彼らは作ってくれた。同じ学年の子がほとんどで、女子の方が多かった。そこでいちばん盛り上がるのは、下ネタ。しかも結構ゲスい。私のそういう知識はここで培われた。

私と同じクラスの子がいなかったのも居心地の良さのひとつだったかもしれない。教室に馴染めないことを冗談っぽく言っていたから、そんな私を見られるのが嫌だった。だけどもそれは早くに見られることになる。2クラス合同の体育の授業に生徒会室によくいる女子がいたのだ。それが、懐かしい名前の子。ここではワカと書こうかな。

ワカは私と同じように、生徒会の一員ではないけれど生徒会室に入り浸っていた。陸上部で見た目もスポーティーな子だ。その情報だけだと、活発で笑顔がキラキラでという印象を受けるが、時々見せる影がここにいる理由だとすぐに分かった。一人称が「ボク」で、口調は荒いけど、すごくいいヤツって感じだった。二人っきりで話したことはなかったけど、〝芸能の仕事をしているヤツ〟といつも周りに一線を引かれる私にも分け隔てなく話してくれるから仲良くなった気でいた。

体育の授業に久しぶりに出席した私はワカがいることにびっくりして、人の影に隠れた。だがすぐに見つかり、私の名字を大きな声で呼んでくる。どんな顔をしていいか分からなかったが、二人一組になるタイミングだったから、助かった。その日の体育はソフトボールで、キャッチボールをすることになったのだが、ワカには私がだいぶ運動神経が悪く見えていたのだろう。キャッチボールができることに驚かれた。打撃の練習になり、ヒットを打ったことにも驚かれた。「そんなにバカにするな」と真面目に言ったらワカは大笑いして、何がそんなに面白いんだろうと思いながらもワカの笑いに釣られ、私も大笑いしてしまった。クラスの子がいる前でこんなに笑ったのは初めてで、我に返るとクラスの子の目が少し怖かった。でもワカは違うみたいだった。クラスの子の目なんてどうでもいいらしい。そのまま守備に入り、グローブをはめながら、ふざけていたら先生に叱られた。仲良くなった気でいただけだったから少し構えていたけど、本当に仲良くなっていたと気付き、とても嬉しかった。それもなんだか面白いヤツと仲良くなれて、嬉しかった。生徒会室で飛び交う下ネタはよく聞いていると、ワカが発しているものばかりだった。

私たちは好きなものが似ていた。いろんな友達と過ごしてきたが、好きなものが似ている友達は初めてだった。

好きなアーティストが一緒だった。「聴いた!?」とワクワクしながら、新譜が出るたびにわざわざ朝早くワカの教室まで行った。お昼休みは一緒にご飯を食べるようになっていたのに。ワカがひとりでお昼ご飯を食べていることを知り、旧ベスフレとお昼ご飯をいつも食べていた私は、彼女の了承を得て3人で食べることになったのだった。旧ベスフレは素敵すぎる子なので、ワカともすぐに仲良くなって、3人でお弁当を食べる時間は、教室にいるのが怖くなかった。

漫画やアニメを見ることが好きなのも似ていた。お互い最近ハマっている作品を紹介して、見たら感想大会が始まる。それが興じて、「ヴァイオレット・エヴァーガーデン」の劇場版を一緒に見に行った。同じところで泣く私たちに笑えてしまって、感動的なシーンが楽しい思い出になってしまった。

ワカとの好きなものの話が深まれば深まるほど、旧ベスフレは置いていかれてしまって、それを嫌な態度で表す人ではないけれど、私もワカも自分がされたら嫌なことだと気付いたから、申し訳なくなってしまって、3人でいる時は高校で起こっている最近の話題に触れてみたりして、3年生になってもこの関係性が変わらないでほしいと思っていた。

3年生になると旧ベスフレと同じクラスになった。ひとり仲がいい子がいるだけで教室への足取りは軽くなる。不登校気味だった私はもう一度頑張れた。ワカとはクラスは離れてしまったが、合同教室は変わらず一緒だったので、体育はいつも本気でやった。楽しかった。高校生活がこんなに楽しいんだったら、それにもっと早く気付きたかった。

放課後は生徒会室へ行き、1時間くらい世間話をした。帰り道にワカがハマっている漫画を探しに本屋へ寄り、それをＬＩＮＥで報告して、ついでにくだらない話もする。今、その痕跡をなぞって読むと、胸がグッと苦しくなる。この時は変わらない日々がちゃんと続いていることに安心していたんだな。

ある日からワカはお昼ご飯を食べに私と旧ベスフレがいる教室に来なくなった。それでも文化祭は一緒に回ったんだけれど、卒業式の写真アルバムにはワカとの写真は1枚もない。どういう進路を歩んだかも分からない。そして、いつ私とワカの距離が空いたのかも、分からない。

高校を卒業してからワカみたいな友達はできなかった。好きなものが似ている友達ではなくて、ワカと友達でいたかった。２０２０年まで続いていたＬＩＮＥの履歴はあるのに、「久しぶり、元気?」の一言を送るのをためらってしまう。距離が空いた原因は私にあるのでは、と思っているからだ。それを思い出せない自分がイヤになる。

今はどんなことに夢中なのだろう。
今はどんな子と仲良くしているのだろう。
あの時、一緒に聴いていた音楽は今でも好きですか？

B.L.T.'24年8月号('24年6月28日発売)掲載

モチベ

ある取材で「沢口さんの肩書きはなんですか?」と聞かれた。質問した記者の方はどう答えて欲しかったのか。その意図は汲み取れなかったが、ちょっとだけ意地悪に感じた。でもたしかに、私の肩書きはなんだろう。グラビアアイドルでもあるし、ラジオもやっているからラジオパーソナリティー、配信もしているから配信者、演技の仕事もしているから俳優、バラエティー番組にも出演したことがあるからタレント、リポーターも最近やっている。「それは皆さんにお任せします。呼びたいように呼んでください」とヘラヘラ笑いながら返したが、それは答えを出せない私の弱さを隠すためだった。

私の仕事は出会いと別れの連続だ。続けているうちに向き不向きがなんとなく分かってきて、辞めたくなる。今日もそういう日だった。やっぱり自分には向いていない。初速は良いのに、伸び代がない。努力ができない人間なのだ。それなのに7年もこの業界にいる。運が良いとしか言えない。周りに恵まれ過ぎている。

毎週日曜の朝に放送されているラジオの生中継にリポーターとして1カ月に一度だけ出させてもらっている。生中継では2回目の出演だった。事前に今回リポートするお祭りの現場をネットで調べ、概要や歴史などの情報を頭に入れておいた。当日は生中継の1時間半前に現場に到着し、リポート台本と現場の様子を照らし合わせて、何をどの順番で伝えるかを考える。どんな人がお祭りを楽しんでいるのか、どう賑わっているのか、いつもよりも周りをじっと観察した。前回の反省を思い出しながら、時間配分なども想定して、一人シミュレーションをする。お祭りを開催している人たちに話を聞いて、小ネタを仕込んだり、インタビューさせていただく方に挨拶をしたりもするので、意外と本番までの時間がない。それでもなんとかなるだろうと油断していた。

帰り道、私はムスっとした顔で「全然ダメだった。」とマネージャーさんにネチネチといつまでもぐずついた。インタビューがうまくいかなかったのだ。私の質問にせっかく答えてくださったのに、それに対して反応ができなかった。言葉が出てこず、場を繋ぐことに焦って、今どのくらい時間が経ったのかも分からなくなってしまっていた。ここまでできないのかと、自分を見下した。惨めな気分だった。でもそうなったのは努力不足、準備不足であって、過去の自分を戒めたい。このマイナスな感情を前向きに変えられたら、どれだけ良いだろう。

スーパーフォーミュラの現地リポートも悔いが残った。Ｆ１が好きということが繋がり、この仕事を任せてもらえた。と言ってもＦ１とは何もかもが違うので、話をいただいてから、スーパーフォーミュラのことをたくさん調べた。レースも観られるだけ観ていたら、仕事を抜きにしてもハマってしまった。なぜＦ１が好きかを聞かれると、「イケメンがたくさんいるから」とよく答えているが、運転免許を持っていなくても、レースの争いは胸躍るものがあって、心理戦というか頭脳戦が観ているうちにクセになっていく。うまく説明できないが、私にとっては音楽を聴いたり、ラジオを聴いたりする感覚と似ているのだ。スーパーフォーミュラも同じように面白い。スーパーフォーミュラはほとんどが日本人選手なので、レース中の無線は聴き取りやすいし、インタビュー記事は読みやすくて、選手はもちろんのこと、スーパーフォーミュラに関わっているさまざまな人たちの素敵なところに気付きやすいのも魅力に感じている。だからこそ、この仕事に力が入る。微力でも好きなコンテンツの役に立てたらと、選手へのインタビューはたくさん悩むことになった。基本的な質問は台本に書いてあるが、当日の天候やコンディションについての質問は自分で考える必要があった。予選での順位や雨予報など、さまざまな情報がある中で、選手が答えやすいように質問の言葉を練っていく。選手が気難しい人間だとは１ミリも思っていないが、レース前の集中が必要な時間に選手が何を気にしているのか、そのすべてを想像することは私にはできなかった。

人と接することがそもそも苦手な私には難しい仕事だと思った。それと同時にかっこいい仕事だとも思った。別媒体で現地にいたリポーターの活躍ぶりを間近で見たからだ。私は以前からその方を知っていて、スーパーフォーミュラを観ている方なら知らない方はいないだろう。その方のリポートはいつも的確でまとまっている。話し方も明るくハキハキしていて、かっこいい。なんと言っても、選手への愛が、スーパーフォーミュラへの愛がものすごくあって、私は勝手にその方の背中を追っていた。実際に現場で見ても、やっぱりかっこいいと思った。

決勝は天候不良で開始が１時間ほど遅れた。その間、私はスタジオに現地の天候や様子を伝えていた。その方はピットを走り回り、選手にインタビューをしたり、私と同じように現地の天候や様子を伝えたりしていた。結局そのレースは早々に幕を閉じることになり、私は控え室に戻ろうとしたら、その方が近くにいた。できれば挨拶したいな、なんて思いながらレースのあった2日間を過ごしていたから、これが最後のチャンスだと思った。マネージャーさん伝いに繋いでもらい、挨拶できた。「日頃から観ていて憧れです」というようなことをまとまらない言葉でポンポンと伝えていたら、ハグされてしまい、この2日間のことが走馬灯のように一瞬で浮かび、涙が出かかった。好きだからこそ失敗したくない、と自分を囲っていたため、楽しいこともあったが、苦しくもあった。足りない部分を瞬時に埋めることなんてできないのに求めてしまう。自分の好きが誰かに侵されてしまうのでは、と心が堅くなる。好きという気持ちを私は信じきれていなかった。

「好きこそ物の上手なれ」ということわざは、好きでい続けるためには、上達していかなければいけない、という意味だと思っていた。本来の意味は、好きだから熱が入って上達が早くなる、だそうな。

今までの受け身な自分では歩けない道だけど、好きなものを誰かのせいにして嫌いになるのはムカつくし、失敗を恐れる自分にもため息が出る。好きなものが素晴らしいこと、私は知っている。

取材の終わりに「今後どういう仕事をしていきたいですか」と聞かれた。「全部続けたいです！」と答えた。我ながら欲張りすぎだと思う。

B.L.T.'24年9月号('24年7月26日発売)掲載

繋ぐ

ああ書けない。これで24回目のこの連載は、ときに書けば書くほど自分が嫌いになったりする。書くことが好きでこの連載を始めたと思っていたのに、何のために書いているのか分からなくなる。私の文章は雑誌の2ページを使ってまで記す価値があるのか。もう今回は落としてもらっちゃおうか。それでもパソコンの前でスマホの前でしかめっ面をしながら貧乏ゆすりをしながら、今もこの連載を諦める怖さと闘っている。

新しい月が始まると文章を綴り始める。今回は何を題材にしよう。最近抱いた感情、想いは、と1カ月を振り返って書き始める。どんどん筆が進んで、書くことが楽しかった月もある。今月はあまり晴れやかな気分じゃなかった。自分の未来が少し揺らいだ。それを書いてみようと思った。1000文字に達したところでうんざりした。自分をちゃんと見通せたからかもしれない。ここまで言語化してしまうと自分でも動揺した。自分の文才に惚れ惚れしているわけではなくて、こんなことばかり文章にしてしまう自分が嫌になった。

テレビではバレーボールがやっている。日の丸を背負う彼らは苦しい状況の中にいた。サーブレシーブが崩れ、セッターの元に返らない。アタッカーが無茶な体勢でエースに繋げる。エースはボールに合わせ高く跳び、3枚のブロックを打ち破った。ボールは敵陣に落ち、歓声がどっと湧き上がる。吠えるエースに駆け寄る仲間。ただの1点をこれでもかと喜ぶ。そこから流れが変わり、日本がそのセットを取った。学生時代の蒸し暑い体育館を思い出した。仲間が弾いたボールを追う。間に合わないと思いながらも突っ込んだが、ボールは地面に落ちた。あの時、少し妥協していたかもしれない。もっと本気でボールを追っていたら……。そんなことを思いながら、鳥肌が立った腕をつねった。

自分のことをエネルギーの小さな人間だと思う。自分だけがそう感じているわけでもなく、他人からもそう言われたことがある。昔からそんな人間だった気がするし、そうでなかったようにも思える。期待しないこと、諦めること、隠すこと、どこで覚えたか分からない感情が私の心の中に棲んでいる。

人生は短い。そんな先人たちの言葉に、早く何かに夢中にならなくては、とただ走り続けた。気付けば、どこを見ても知らない景色の中にいて、とてつもない喪失感に襲われた。何をやってもつまらない日々になった。人と笑えなくなった。音楽が鬱陶しい。いい匂いのするごはんが美味しくない。

どんどんこぼれ落ちていく私の心の一部をただぼーっと見つめることしかできなかった。自分の心がこんなにも脆いとは知らなかった。心は、崩れたら積み直せばいい積み木とは違うらしい。

なんとか抜け出さなくてはと思った。気丈に振る舞う嘘もつけない自分だ。周りに見透かされるのは時間の問題で、すでに見透かされていた。気にかけて優しい言葉をくれたりもしたが、全く入ってこない自分の心にさらに嫌気が差すだけだった。救われたいと願うだけで、自分の心は壊せない。こんな弱い自分を誰が守ってくれるのだろうか。

優しくなれない自分。素直になれない自分。考え過ぎてしまう自分。中途半端な自分。勇気がない自分。天邪鬼な自分。自分を信じてあげられない自分。結局、期待して諦められない自分。自分の嫌いなところが浮き彫りになっていく。自分の好きなところなんて探したことがなかった。自分と向き合うのが怖い。

いつもあと少しの勇気があればと思う。人と目を合わせたり、人に何気ないことを聞いてみたり、自分の好きなものを躊躇いもなく話せたり、自分のことを好きだと言ってくれる人の気持ちを受け取ったり、大好きな人たちに感謝を伝えたり、褒められたことを自信にしたり。大丈夫な自分になりたい。

あの時のボールを繋げていたら、今落ちそうな私の心の一部も拾えていたんだろうか。この感情を明日にどう繋げばいいのか、今の私には分からない。

B.L.T.'24年10月号('24年8月28日発売)掲載

告白

中3の夏休みが終わる頃にこの世界に飛び込み、それから流れに逆らわずにここまでやってきた。何度か泳ぐのをやめようとしたけれど、その度に側から応援の言葉が聞こえてきて、仕方なく泳いできた。目を大きく開いても見える景色はいつも不鮮明で、解答ばかり求める私にはストレスが溜まる場所だった。私より速く泳ぐ人は数え切れないくらいいたし、私より綺麗なフォームの人の隣で泳ぐのはつらくなるばかりで、早く陸に上がりたかった。もう長いこと潜っているような気がする。息継ぎだけで息が続くわけもなく、何度も溺れているし、私はそもそも泳げない。

夏の答え合わせはいつもチグハグで気持ち悪い。なりたかった自分を擦り切れるほど夢見てきたのに、なかなか目の前に現れてくれない。鏡に映る私はまだちょっと猫背で、笑ってみせるとなんか情けない。

できるだけ心を平均に保とうとするけれど、あの人の小さな一言が気になって夜眠れなかったり、因縁のある父の言葉に止めていた涙が溢れてしまったり、予測できない心の動きについていくのに必死だ。それなのにあの時言われて嬉しかった言葉はもう忘れてしまっていて、感情や言葉の賞味期限の短さにまだ慣れない。

毎年の恒例行事にしようと去年決めた北海道のフェスに今年も参加した。去年初めて来た時は思い出に残さなくては、と余すことのないように常に全力で楽しんだ。寝る間を惜しみ、体力は既に底をついていたが、知っている音楽が流れると精気を取り戻したように踊ることができた。今年は進んでいく時間を焦ることなく過ごした。そんなことは久しぶりだった。人よりも少しせっかちで、いつも誰かと追いかけっこをしている毎日だった。常に何かにイライラしていて、過ぎていく時間を毎秒口惜しく眺めるだけだった。チケットがあったから飛行機に乗ってきたけれど、直前まで布団から出るのが億劫だった。一緒に来た人が嫌な気持ちにならないようテンションを合わせることはできたが、人が行き交うさまを見ているとめまいがした。それでも会場に着くと次第に疲れ切った身体に音楽が流れ込んできた。キャンプイスに深く腰をかけると聴いたことがあってもなくても自然にリズムを身体のどこかしらでとっていた。気付けばサングラスが不要になる空の色だった。お腹が空けば屋台に行って何か食べた。予定があるようでない時間にもどかしさは一切なく、それは北海道の空がどこまでも広く、そこに浮かぶ雲が伸び伸びとしているからなのだろうと思った。

年に一度開催しているファンミーティングは最後のコーナーまで滞りなく進んだ。残り時間あと10分、ギターで弾き語りをすることになっていた。何度か披露したことはあったからそこまで緊張しないだろうと高を括っていたが、いざギターを持って座ると指が固まる心地がした。弦の感触、ピックの持ち具合がいつもと同じようでいつもと違った。自分を照らす会場のライトが目に刺さる。マイクに吸い込まれる私の声は一体どこまで届いているのだろう。震える声を隠すように弦を強く撫でる。6弦の低音が会場に響き、またそれを隠すように優しく撫でると弱々しい音色が私を不安にさせた。拡大した努力もしてないくせに、後悔ばかりが残った。弾き終わった後、何の拍手か分からない拍手で会場は埋め尽くされ、私のギターの音はもうどこにもなかった。ファンのみんなは完璧を求めていなかった。ただ沢口愛華という人間がそこに立ち、笑っているだけで許してくれる。私はいつまでそれに甘えていいんだろう。

8年目になりました。中3の夏休みが終わる頃に飛び込んだ川は冷たくて、じっとしていると自分の体温が感じられた。このまま流されようと仰向けになると力がふっと抜け、朝日の眩しさに気付いた。

B.L.T.'24年11月号('24年9月28日発売)掲載

まなざし

私はいつもレンズと目を合わせている。シャッターが切られる音に合わせて感情が動いていく。その間は無心になれる。なんだか居心地が良くって、気が付いたら7年も同じ日々を繰り返していた。だからこそ今言葉にするのが難しい。7年分の言葉はどこかで詰まっていて、なかなか出てこない。一つだけ言えるのは、いつも独りじゃなかったってこと。すぐ独りよがりになってしまう私がよく忘れてしまうことだ。この間もそれに気付かされた。

私の贅沢なわがままがまかり通ってしまって、地元の名古屋で大好きなスタッフさんたちと撮影することができた。思い出を思い出せばキリがないくらい一緒にいたのに、いつもあやふやなことしか思い出せない。楽しかった思い出ほどすぐに忘れてしまう。最近は会えていなかったので、すこし緊張もしていた。だけども会った瞬間それは溶けてなくなった。久しぶりに会えた嬉しさや照れを隠して笑っていたら、撮影が終わってしまった。それでいいのかと不安に思ったが、それは昔も今も変わらないから、いいのかもしれない。

グラビアロケの好きなところは、夜にみんなでご飯を食べるところだ。率先して場を盛り上げるタイプではないので、人がたくさんいる場所は得意ではないが、ここにはずっといられる。人の話を聞くことが面白いと思ったのもこの場所のおかげだ。今回も大好きなスタッフさんたちと夜ご飯を食べた。何度も同じご飯を囲んでいろんな話をしてきた。グラビアを好きになるきっかけをくれたのも、忙しない日々を笑って過ごせたのも全部、毎週のように会っていたここにいる人たちのおかげだ。

名古屋の夜は自然と心が緩くなってしまった。楽しいだけのロケになるといいな、なんて思っていたのに、自ら壊してしまった。ぽろっと閉じ込めていた言葉が溢れたからだ。「グラビアの仕事が楽しくなくなってしまった」「いろいろな事が積み重なって沢口愛華でいる事がつらくなってしまった」と初めて人に正直に言えた。でも、瞬間にやらかしたと思った。「あなたは恵まれているのだから頑張らなきゃいけないんだよ」とか、「もっとポジティブに生きないと」とか、今の私には〝傷口に塩〟な言葉が返ってくるのがセオリーだからだ。だが、そんなことはなくて、メイクさんが目を赤くして涙をこぼした。私はびっくりしてしまって、この人はいつも私の目を見てくれることを思い出した。私に自信を持たせる最強の人でもある。私がグラビアを始めてすぐの頃から隣にいた人だ。この人にメイクをされると、不思議と喋ったり笑ったりしていて、顔を表情で崩してしまうのが怖くなくなる。メイク中にいろんな話をして、メイクが終わるとポンっと背中を押されたような気分になる。だからその人の目に浮かんだ涙の理由が私なのが少し嬉しく、恥ずかしく、救いのようでもあった。この人は何年経っても私を勘違いせずに見てくれている。この「沢口生活」の連載を全部読んで感想もくれた。自分に精一杯で返事を先延ばしにしていたら、〝送信取り消し〟になっていて後悔した。そういうところ、私と似ていると思う。だから私はあなたに私の弱さを知ってほしいと思ってしまうのかもしれない。

いつもは物静かなカメラマンさんも、一言ではなく、たくさんの言葉を、たくさんのエネルギーを使って話してくれた。ただお酒に酔っていただけなのかもしれないが、何年もずっと私を見てくれている人たちが、泥沼にはまって堕ちていく私の腕を強く掴んでくれているような感覚がした。人前では泣かないと決めて瞼を閉じて堪えていたけれど、震えてしまっていた。それを隠すように笑ってみたものの、溢れ出す涙は嘘をつけなかった。お酒を飲んでいたから2人の言葉の一つひとつは正確には覚えていないが、「いてほしい」という言葉はくっきりと覚えていて、日が経っても何度も反芻して忘れないようにしている。もう一つ覚えている言葉があって、その言葉で、取材などで「グラビアが自分の居場所だ」と独りよがりに言っていた私を思い出した。人から「ここが居場所だよ」と言われたのはその日が初めてだった。

この人たちがいるからグラビアを辞めなかった。沢口愛華でいることを辞めなかった。そうやって思わせてくれる人たちがまだほかにもたくさんいる。美味しいご飯はみんなで食べたらもっと美味しいことも、旅が好きになったのも、パピコはコーヒーチョコレート味が美味しいってことも、好きなものへの情熱は無限大でいいことも、私はここで知った。雑誌の中の私がいつも着飾らずに笑っていられる理由は私の才能でもなんでもなくて、そこにいる人たちがそう教えてくれたのだ。そこに立っていればいい、カメラの前に立っていればいい、と。

たくさんお酒を飲んで、喋って、ホテルの部屋に戻ると、グテっとベッドに倒れ込んで寝てしまった。最近は布団に潜っても眠れない日が続いていたから、朝、目を覚ますと満足感があった。でも顔も身体もむくんでいて、泣いたせいで目も全然開かなくて、頭が少し痛かった。

夢を見た気がする。

目尻に歳の分だけしわを寄せながら、照れを隠すように笑う私がレンズと目を合わせる夢を。

スタッフ

表紙、P3-18、P51-66、P163-178

撮影	細居幸次郎
スタイリング	木村美希子
ヘアメイク	横山雷志郎

裏表紙、P99-130

撮影	HIROKAZU
スタイリング	優哉
ヘアメイク	スミホシナ

衣装協力:TOMAS MAGPIE(☎03-6450-5357)
撮影協力:名古屋市立富田高等学校、やき処じゅげむ

マネジメント	小野憲一、佐藤貴士、林航平(株式会社ホリプロ)
デザイン	秋元美絵(SOW.)
協力	小畠良一
編集	宮島雅之(B.L.T.)

沢口愛華《さわぐちあいか》フォトエッセイ

沢口生活《さわぐちせいかつ》

2024年11月18日　第1刷

文	沢口愛華
発行者	奥山卓
発行	株式会社東京ニュース通信社 〒104-6224 東京都中央区晴海1-8-12 電話 03-6367-8017
発売	株式会社講談社 〒112-8001 東京都文京区音羽2-12-21 電話 03-5395-3606
印刷・製本	大日本印刷株式会社

ISBN978-4-06-538144-1